KB122425

한승헌 변호사의 삶

균형과 품격

김인회

인하대 법학전문대학원 교수

이지출판

선생의 균형의 출발점은 변호(법조인)와 투쟁(민주투사)의 균형이다.
선생을 가장 먼저 정의하는 말이 있다면 그것은 법조인일 것이다.
선생은 법조인으로서 다른 이들의 투쟁을 법정에서 변호했지만
여기에 그치지 않았다. 본인 스스로 민주투사의 삶을 살았다.
여기에서 선생의 삶은 시작되었다고 나는 믿는다.

산민 한승헌 변호사 근영

산민 한승헌 변호사가 걸어온 길

아호 산민(山民), 변호사. 전북 진안군 안천면에서 태어나(1934년) 전주고와 전북대(정치학과)를 나왔다. 고등고시 사법과(제8회. 1957년)에 합격, 검사(법무부. 서울지검 등에서)로 일하다가 변호사로 전신하였다(1965년). 역대 독재정권 아래서 탄압받는 양심수와 시국사범의 변호와 민주화·인권운동에 힘을 기울였다.

〈어떤 조사〉 필화사건(1975년)과 김대중내란음모사건(1980년)으로 두 번에 걸쳐 옥고를 치렀다. 변호사 자격 박탈 8년 만에 복권. 변호사 활동을 재개하여(1983년) 필화사건을 포함한 시국사건의 변호를 계속하였다.

한국기독교교회협의회(KNCC) 인권위원. 동학농민혁명기념사업회 이사장. 국제앰네스티 한국지부 전무이사. 방송위원회 위원, 언론중재위원회 위원, 저작권심의조정위원회 위원, 헌법재판소 자문위원, 감사원장, 사회복지공동모금회 회장, 대통령 통일고문, 사법제도개혁추진위원회 위원장. 서울특별시 시정고문단 대표 등의 직분을 맡아서 일했다. 중앙대. 서강대, 연세대. 가천대 등에서 저작권법을 강의했으며, 전북대 석좌교수를 지냈다.

그동안 펴낸 저서로 《법과 인간의 항변》《위장시대의 증언》 《알기쉬운 생활민법》《내릴 수 없는 깃발을 위하여》《유신체제 와 민주화운동》(공저) 《허상과 진실》《법창에 부는 바람》《내 인 생에 새 노래가 있다면》《저작권의 국제적 보호와 출판》《저작 권의 법제와 실무》《그날을 기다리는 마음》《정보화시대의 저 작권》《현대사회와 출판》(공저)《정치재판의 현장》《한승헌 변호 사 변론사건실록》(전7권) 《분단시대의 법정》《한 변호사의 고백 과 증언》《한국의 법치주의를 검증한다》《권력과 필화》《한일 현대사와 평화 · 민주주의를 생각한다》(日) 《재판으로 본 한국 현대사》《저작권의 법제와 실무》《법치주의여, 어디로 가시나 이까》 등 47권이 있다. 여기에는 시집 《인간귀향》《노숙》《하얀 목소리》와 《산민객담》 시리즈 3권(《유머산책》《유머기행》《유머수첩》) 이 포함되어 있다.

지금까지 인제인성대상, 정일형 · 이태형 자유민주상, 중앙대 언론문화상, 한국인권연구소(재미) 인권상, 임창순 학술상, 단재 상 등을 받았으며, 2018년 국민훈장 무궁화장을 수훈했다.

음지와 양지의 균형

 이 글은 이 시대의 스승에 대한 이야기다. 현대 사회에서 보기 드물게 다채로우면서도 깊이 있는 삶을 산 스승, 산민 한 승헌 선생에 대한 이야기다.

 다채롭고 다양한 삶을 사는 사람은 제법 있다. 다채롭고 다양한, 화려한 삶을 사는 사람은 다른 이의 부러움을 산다. 하지만 깊이가 없는 경우가 많다. 정체성과 일관성이 부족하여 한 분야에서 '세상의 끝' 가까이 가지 않는다. '세상의 끝', '일의 끝'에 가지 않고는 진리를 볼 수 없다. 다채롭고 다양한 삶, 화려함에만 머물지 않고 어두움에도 깊이 머무는 삶을 사는 사람은 드물다. 이것이 화려한 삶을 부러워하지만 존경하지 않는 이유다.

 깊이 있는 삶을 사는 사람은 적다. 한 분야에서 최고 수준에 도달한 사람이 풍기는 매력은 은은한 향기와 같다. 찬탄과 존경을 받는다. 명성은 자연스럽게 따른다. '세상의 끝' 가까이

가 보았기 때문이다. '세상의 끝'은 그에게 진리를 보게 하고 진리를 알게 한다. 그는 보통 사람들이 쉽게 도달할 수 있는 경지를 넘어 존재한다. 마치 다른 세계에 사는 것처럼. 이를 기독교에서 천국이라고 하고 불교에서는 욕계 천상, 색계, 무색계, 해탈이라고 한다. 하지만 다채로운 경험, 다양한 경험이 없으므로 무미건조하게 느껴진다. 이것이 깊이 있는 삶에 대해 존경하지만 어려워하는 이유다.

다채로우면서 깊이 있는 삶을 사는 사람은 매우 적다. 이런 사람은 보석처럼 영롱한 빛을 내면서도 깊이 있는 감동을 준다. 여러 분야에서 '세상의 끝' 가까이 가 보았으므로 진리에 가까이 가 본 사람이다. 찬탄, 존경, 명성을 넘어 사람들의 의지처가 된다. '세상의 끝' 가까이에서 진리에 가깝게 다가간 분은 스승이 된다. 드물지만 이런 분들이 있다. 보통 사람들이 흉내 내기 어려운 깊이 있고 다채로운 삶이 있다.

산민 선생은 다채롭고 다양한 삶을 살았다. 그리고 대부분의 분야에서 '세상의 끝' 가까이 가 보았다. 선생의 공식 출발은 문학을 좋아하는 법조인이었다. 문학을 좋아하는 법조인도 비범하지만 출발이었을 뿐이다. 법조인의 품위를 한결같이 지켰고 문학을 한결같이 사랑했다.

선생은 위로는 감사원장이라는 자리까지 올랐다. 선생 본인의 설명에 의하면 국무총리와 장관의 중간쯤 되는 높은 자리다. 공식적으로는 부총리의 예우를 받는다. 사법제도개혁추진위원회 위원장을 역임했다. 국무총리와 공동위원장이었다. 이쯤이면 대통령 바로 다음의 자리라 할 수 있다.

2018년 9월 선생은 국민훈장 중에서 가장 높은 '무궁화장'을 받았다. 국민훈장은 정치·경제·사회·교육·학술 분야에 공을 세워 국민의 복지 향상과 국가 발전에 이바지한 공적이 뚜렷한 사람에게 수여한다. 공직자가 아닌 개인인 국민이 받을 수 있는 가장 높은 훈장이다. 국가도 선생의 공적을 인정했다.

반대편 '세상의 끝' 가까이도 가 보았다. 감옥이라는 '세상의 끝'이 그곳이다. 그것도 두 번이나. 한 번은 반공법 위반이었다. 반공법 변호 전문 변호사가 반공법으로 구속되고 재판을 받았다. 다른 한 번은 '김대중내란음모사건'의 피고인으로 교도소에 갔다. 교도소에 있었던 기간은 합하여 1년 9개월 정도. 선생은 변호사이면서 변호사 자격을 박탈당했다. 변호사 자격을 박탈당한 기간은 8년. 1976년 자격을 박탈당하여 1983년 복권되었다. 실형 선고와 감옥 생활, 변호사 자격 박탈은 인생의 가장 어두운 암흑기를 상징한다.

가난은 선생을 괴롭히는 존재였지만 다른 한편 적게 바라고 만족하는 삶, 소욕지족(少欲知足)의 삶을 살게 한 원동력이기도 했다. 선생은 자신의 삶을 다음과 같이 요약한다. 다채롭고 깊이 있는 생에 대한 설명으로 이보다 더 간명하고 솔직한 표현은 보기 힘들다.

내 삶의 궤적을 그려보면 실로 평탄치 않은 기복이 드러나 있다. 흔히 말하는 인생의 명암을 놓고 말하면 명과 암의 극과 극을 한몸으로 겪어야 했다. 내 이력서에는 고시 합격, 검사, 감사원장 같은 '양지'가 보이지만 연보에는 그와는 전혀 다른 가난과 고생, '재수'까지 한 감옥살이, 여러 해에 걸친 실업자 생활 같은 '음지'가 짙게 번져 있다.

음지가 양지를 불러들였는가 하면 양지가 음지의 전주곡이 되기도 했는데, 굳이 고백하자면 나는 음지 속에서 정신적으로 더 많은 깨달음을 얻었고, 한 인간으로서 성숙했으며, 나의 본색을 키웠고, 보람을 찾을 수 있었다. 내가 세상을 바로 알고 인간의 나상(裸像)을 제대로 볼 수 있었던 것도 그런 음지에서였다. 세속의 기준에서 본 음지의 체험은 그런 의미에서 내 삶의 양지였다고 할 수 있고 적어도 두 영역 사이에는 호환성이 존재함을 알게 되었다. 나를 키워 준 음지에 감사한다. (한 변호사의 고백과 증언)

이제 나는 이 시대의 스승인 산민 선생에 대한 이야기를 하고자 한다. 다채로우면서도 깊이 있는 인생을 산 우리의 스승에 대해 이야기하고자 한다. 이야기를 하려고 하니 걱정이 앞선다. 너무 다채롭고 다양한 삶이어서 정확하게 묘사하기도 힘들다. 각 분야의 깊이는 알기 힘들 정도다. 뛰어난 스승의 발자취를 따라가는 것은 힘든 일이다. 하물며 그 발자취를 설명하고 정리하는 것은 더욱 힘들다. 마치 깊은 바다에 빠진 것과 같다. 그래도 나는 선생을 설명하고자 한다. 용기를 낸다.

다행스럽게도 두 가지 발판이 있다. 하나는 선생이 스스로 정리한 글이다. 선생은 수많은 글을 남겨 자신의 행위와 말과 마음을 후학들이 알 수 있게 하셨다. 모두 진솔하고 훌륭한 글들이다. 자신이 변호한 사건에 대해서는 실록을 남겼다. 글은 필자를 닮는 법, 선생의 글은 담백하고 가식이 없다. 선생을 설명하는 데 이보다 훌륭한 자료는 없다.

다른 하나는 선생의 화갑기념문집 《분단시대의 피고들》 (1994, 범우사)에 실린 최종고 교수의 〈한승헌의 삶과 생각—정의와 양심을 지켜온 의인〉이다. 이 글에서 최종고 교수는 화갑까지 선생의 삶과 생각을 깔끔하게 정리했다. 삶은 출생과 소년 시절부터 검사와 변호사 길, 필화사건, 1990년대 문민정부 때까지, 생각은 정의와 인권사상, 정치관으로서 재야정신, 문학사상,

문화와 저작권, 역사관, 종교관 등으로 정리하고 있다. 최종고 교수는 선생의 삶을 종합하면서 "한승헌의 삶을 무어라 한마디로 표현하라고 주문받는다면, 필자는 법(法)과 문(文)의 두 수레바퀴를 단 역마차와 같은 인생"이라고 했다. 훌륭한 표현이다.

하지만 선생의 삶을 담을 수 있는 글로는 부족한 느낌이다. 아마 최종고 교수도 이를 잘 알고 있을 것이다. 선생의 삶 중 화갑까지라는 시간적 제약도 중요한 요인이다. 화갑 이후 선생의 삶은 더욱 다채로워지고 깊어진다. 그렇지만 화갑 때까지 선생의 삶을 정리한 최종고 교수의 글은 출발점이 된다. 이 글을 읽는 독자들에게 최종고 교수의 글도 구해 읽어 보기를 권한다.

이 글은 최종고 교수의 글이 끝나는 부분에서 시작한다. 최종고 교수의 글을 보충하고 완성하는 의미가 있다. 최종고 교수의 글을 보충하는 의미에서 박원순 변호사가 쓴 〈법정에서 지킨 한국 현대사—한승헌 변호사의 삶과 인권변론〉(분단시대의 법정, 2006)도 참고자료다. 이들 자료를 발판으로 삼아 선생의 삶을 정리해 보고자 한다.

내가 생각하는 산민 선생의 삶의 핵심은 균형이다. 선생의 마음, 말, 행위의 주제는 균형이다. 균형은 다른 말로 중도라고 한다. 평온이라고도 한다. 균형, 중도, 평온은 매우 뛰어난, 수승

(殊勝)한 정신상태다. 여러 대립되는 현실, 느낌, 심리현상들에 일정한 거리를 두는 균형, 중도, 평온은 높은 정신세계, 공명정 대한 정신적인 상태를 의미한다. 감각적 욕망에 휩쓸리지 않고 괴롭거나 즐거운 느낌에 흔들리지 않는 상태가 바로 이 단계다. 이 단계는 지혜로워야 도달할 수 있다. 사물을 있는 그대로 관찰하고 통찰하는 능력이 있어야만 달성할 수 있다.

우리는 이 수준을 선생에게서 발견한다. 균형, 중도, 평온을 통하여 선생을 조금 더 알게 될 것이라 믿는다. 균형, 중도, 평온을 질 낮은 무관심으로 오해해서는 안 된다. 무조건 상대에 대해 냉정한 태도를 취하는 것은 지혜가 부족한 상태의 무관심 일 뿐이다.

균형이 선생을 상징하는 표현이라는 것은 선생도 알고 있는 듯하다. 선생도 양지와 음지를 오갔다고 자신의 삶을 설명하고 있다. 양지와 음지를 오가면서 양지에 완전히 빠지지 않았다. 양지에 있으면서도 자신의 마음, 말, 행위, 지위에 거리를 두고 관찰하듯 기록하듯 살았다. 양지는 행복하고 즐거운 삶이지만 그 행복과 즐거움이 전부가 아니고 또 사라진다는 것을 잘 알았다.

음지는 말할 것도 없다. 음지의 불행하고 괴로운 삶도 사라지고 오히려 의미를 남긴다는 점을 잘 알았다. 양지의 끝, 음지의 극단에도 가 보았지만 균형, 중도, 평온을 유지했다. 양지와 음지에 흔들리지 않는 인생은 이렇게 완성되었다.

선생의 균형의 출발점은 변호(법조인)와 투쟁(민주투사)의 균형이다. 선생을 가장 먼저 정의하는 말이 있다면 그것은 법조인일 것이다. 선생은 법조인으로서 다른 이들의 투쟁을 법정에서 변호했지만 여기에 그치지 않았다. 본인 스스로 민주투사의 삶을 살았다. 여기에서 선생의 삶은 시작되었다고 나는 믿는다.

균형의 마지막은 세속과 탈속의 균형이다. 선생의 치열한 삶은 세속에서만 완성된 것이 아니다. 선생의 삶은 세속을 뛰어넘은 탈속의 향기를 진하게 풍긴다. 마치 수행자처럼 세속의 삶을 살다 세속을 초월한 삶을 완성했다. 균형, 중도, 평온은 초월의 의미를 갖는다. 실제로 선생은 세속의 치열한 삶 속에서 그리스도를 만났고 종교인이 되었다. 반독재 민주화투쟁을 하던 기독교인들에게 감화를 받았기 때문이라고 선생은 말한다. 그렇지만 원래 탈속의 경향이 있었기 때문에 기독교인들에게서 감화를 받았을 것이다.

기독교 입문 과정에서 알 수 있듯 선생의 탈속은 강한 현장지향성을 갖는다. 탈속의 모든 것을 갖추었지만 세속을 벗어나지 않는 선생의 종교관은 그 자체로 중도이고 평온이고 균형이다. 선생은 비록 기독교인이지만 기독교만으로는 충분히 설명할 수 없는 영적인 향기를 풍긴다. 탈속의 향기는 특정 종교를 뛰어넘어 영적 생활을 추구하는 모든 이에게 영향을 미친다.

균형의 처음과 끝 사이에는 인권과 저작권의 균형, 법률과 문학의 균형, 엄격과 유머의 균형, 전통과 혁신의 균형, 민족과 세계의 균형, 창조와 기록의 균형, 자부심과 겸손의 균형, 일관성과 다양성의 균형이 있다. 하나하나 중요한 가치들이다. 이들 모든 가치를 경험하고 실현했다는 점은 참으로 놀라운 일이다. 더 놀라운 일은 이들 가치를 완성하면서도 집착하지 않고 균형을 유지했다는 점이다. 선생의 10개의 균형은 선생을 더 잘 이해할 수 있는 하나의 방향을 제시하리라 믿는다.

중국 청나라의 최전성기를 이룬 건륭제는 스스로 호를 '십전(十全)노인'이라 했다. 그의 시문집도 《십전집(十全集)》이라 이름지었다. 십전은 건륭제 당시 10회에 걸친 원정전쟁을 말한다. 건륭제는 10번의 원정을 모두 승리했다. 이를 기념하기 위하여 자신을 십전노인이라 불렀던 것이다.

산민 선생은 10개의 균형을 이루었다. 극단으로 치우칠 수 있는 가능성과 싸워 이겼다. 백만 대군은 아니지만 자신과 싸워 이겼다. 자신을 이긴 강자 중의 강자다.

"아무도 존중할 사람이 없고 의지할 사람이 없이 머문다는 것은 괴로움이다." 석가 세존(世尊)의 말씀이다. 세존도 스승이 없다는 사실이 괴롭다고 했다. 세존은 자신보다 더 뛰어난 인물이 없다는 것을 아시고 법과 율에 의지하겠다고 하셨다. 세존도 스승을 그리워했는데 우리 같은 평범한 사람은 말해 무엇하겠는가? 다행히 우리는 산민 선생과 같은 스승이 있어 존중하고 의지할 수 있다. 선생의 향기가 널리 퍼지기를 바라며 글을 시작한다.

1. 변호와 투쟁의 균형

분단시대의 변호인

선생의 공적인 삶은 분단시대 시국사건 변론에서 시작한다. 선생의 핵심적인 정체성은 변호사다. 변호사의 삶을 가장 크게 규정하는 공간은 역시 법정이다. 법정에서 의뢰인을 변론하고 변호하는 것이 변호사의 숙명이자 삶이다. 마치 노동자의 공간이 회사와 공장이고 삶이 노동인 것과 같다. 개인에게 중요한 것은 구체적인 공간, 구체적인 시대다.

선생이 활동하던 시대는 '분단시대'였다. 선생이 변호한 피고인들은 '분단시대의 피고인들'이었다. 선생은 살벌한 분단시대의 법정에서 변호사의 삶을 살았다. 선생은 시대와 무관하지 않은 정도를 넘어 시대와 항상 함께했다. 선생의 변호사로서의 삶은 시국사건 변호와 깊은 관계가 있다. 변호사로서 시국사건만 담당하지는 않았지만 다른 일반사건은 보통의 변호사들도 하는 일이다. 선생의 정체성을 규정할 수는 없다.

선생의 시국사건 변호는 분단시대 피고인들에 대한 변호다. 선생 스스로 박정희 대통령 시대, 전두환과 노태우 시대를 분단시대로 정의한다. "분단과 독재가 국민의 기본권 내지 삶 전체를 억누르는 비인간화의 근본 요인으로 작용"(법치주의여, 어디로 가시나이까, 국가의 허상과 주권자의 민낯)"한 시대가 바로 분단시대였다. 실제로 당시 시국사건은 대부분 정부에 저항했던 인사들에 대한 탄압사건이었다.

정부에 대한 반대가 곧바로 용공으로 둔갑했고 용공이었으므로 반공법과 국가보안법의 적용 대상이었다. 반공법과 국가보안법은 분단시대가 낳은 괴물이었다. 선생이 정리한 《한승헌 변호사 변론사건실록(7권)》(2006, 당시 선생의 나이 72세, 이하 서력 다음의 나이 표시는 모두 선생의 나이임)을 간략하게 설명한 책 이름은 《분단시대의 법정》(2006)이다. 선생의 화갑기념문집 제목은 《분단시대의 피고들》(1994, 60세)이다. 선생은 분단시대를 관통해 왔다. 그래서 분단시대의 법정에서 분단시대의 피고들을 변호한 '분단시대의 변호사'인 것이다.

현대사를 바꾼 사건과 함께

선생은 《한승헌 변호사 변론사건실록(7권)》에서 본인이 변호한 사건 중 중요한 67개 사건의 공소장, 판결문, 항소이유서(또는 상고이유서), 최후(또는 모두)진술, 변론서 및 관련 자료를 정리하고 있다. 중요한 시국사건만 하더라도 67건이다. 실제로 변호한 사건을 계산하면 100건이 훌쩍 넘는다고 한다. 67건은 선생이 변호한 사건 중 대표적인 사건들이다.

선생이 변호한 사건은 대부분 간첩단 사건과 민주화운동, 통일운동 관련 사건이다. 간첩단 사건으로는 '동백림간첩단사건', '통일혁명당사건', '재일동포 모국 유학생 간첩사건', '여간첩사망보도사건', '울릉도간첩단사건', '재일동포위장전향간첩재심사건' 등이 있다. 대부분 조작된 간첩사건들로 재심에서 무죄를 선고받은 사건들이다.

이 중 '울릉도간첩단사건'은 최창남 목사의 《울릉도 1974−긴급조치시대가 만들어 낸 울릉도간첩단사건 이야기》(2012, 뿌리와 이파리)에서 실체가 재조명되었다. 이 사건을 조금 자세히 보자. 이 사건은 분단시대 조작간첩사건이 갖는 무게를 이해할 수 있게 한다.

'울릉도간첩단사건'은 같은 해 발생한 민청학련 사건 때문인지 아니면 너무 조작된 사건 때문인지 잘 알려져 있지 않다. 이

사건은 처음부터 조작되었음이 명백한 사건이었다. 울릉도간첩
단사건이었지만 울릉도와 관계없는 인물도 많았다.

선생이 항소심부터 변호한 이성희 교수는 전북대학교 교수
였다. 이 교수가 북한을 방문한 것은 사실이지만 이것은 통일을
위한 개인적인 노력의 결과였다. "분단 조국의 지식인으로서 순
전히 통일을 위한 충정으로, 조국을 사랑해서, 통일에 조금이
나마 도움이 되고자 하는 마음에서 한 것"(울릉도, 1974)이었다.
간첩행위는 아니었다. 하지만 중앙정보부와 검찰은 고문을 통
해 간첩행위를 만들었다. 고문이 얼마나 심각했는지 그는 "어차
피 살아남지 못할 바에야 모욕적인 교수형보다는 자결을 하기
로 마음먹었다"(분단시대의 법정)고 한다.

죽고 싶었지요. 기회를 봐서 자살해야겠다고 생각했지요. 내가
자살을 생각하게 된 것은 단지 고문 때문만은 아니었어요. 물
론 폭력과 고문을 견딜 수 없어 죽여 달라고 애원하기도 하였
지요. 하지만 내가 자살해야겠다고 생각한 가장 본질적인 이
유는 수사를 받는 동안 '나는 살길이 없겠구나. 결국 죽겠구나.
틀림없이 사형당하겠구나' 하고 생각하게 되었기 때문이지요.
수사관들이 내가 그렇게 생각하도록 만들었다고 해야겠지요.
수사 과정에서 수사관들이 되풀이해서 한 말이 있어요. "당신

은 김규남, 박노수와 범죄 스타일이 똑같아. 그러니 당신은 사형당할 게 틀림없어. 그러니 어차피 사형당할 건데, 괜히 고생하지 말고 순순히 털어놓는 게 좋을 걸"이라고 말하곤 했지요. 자꾸 듣다 보니 정말 그렇게 될 것이라고 생각하게 되었어요. 그 사람들도 사형을 당했으니 말이에요. (울릉도, 1974)

그를 살린 것은 부인의 사랑이었다. 이 교수는 무기징역형을 선고받은 후 사랑하는 아내를 떠나보내야겠다고 생각했다고 한다. 부인과의 면회 때 그는 마음에 담아 두었던 말을 건넸다. 부인은 말이 없었다고 한다. 그리고 편지가 왔다.

기다리고 만나고, 만나고 나서 또 기다리다 만나고…
그러다 보면 여름도 가을도 지나갈 것이며
몇 번 몇십 번 되풀이하면 우리의 옛날을
다시 찾을 수 있을 것을 저는 확신합니다.

아빠를 떠나 제 갈 길이 어디에 있을까요?
그것은 저를 서글프게 하는 일에 불과해요.
아빠의 마음, 그 진심을 너무나도 잘 알지만
다시는 입 밖에 그런 말 안 낸다고 약속하세요.

저의 모든 것을 아빠는 하나도 빠짐없이 알고 계시면서

그런 말을 어떻게 할 수가 있어요.

그런 말로써 아빠의 마음이 가벼워진다면

얼마든지 하세요.

그러나 인사치레나 하고 위로를 받기에는

우리는 같이 지낸 기간이 너무나도 길어요.

부디 건강 관리 잘 하시고…

영양제 잊지 말고 잡수세요.

그럼 또 다음에 안녕….

6월 14일 아빠의 영주(울릉도, 1974)

이 교수는 1심에서 사형, 2심에서 무기징역형을 선고받았다. 그 후 20년 징역으로 감형되었다가 1991년 2월 가석방되었다. 2012년 11월 22일 서울고등법원은 재심으로 이 교수에 대하여 특수잠입탈출, 반국가단체의 지령수수 등 간첩혐의에 대해서는 무죄를 선고했다. 다만 일본 유학 시절 북한을 방문했던 것은 사실이므로 일반잠입탈출을 적용하여 징역 3년, 자격정지 3년을 선고했다.

이 교수는 부인의 사랑으로 자살을 선택하지 않았다. 그러나 남편 옥바라지와 아들의 교육은 오로지 부인의 몫이었다.

이 교수는 이 사건을 기억하는 글의 마지막에 부인의 인내와 용기를 감사하게 생각한다고 밝히고 있다.

> 내가 끌려간 후 집사람은 세 아들의 교육과 내 옥바라지를 위해 상경, 3평짜리 구멍가게에서 한 그릇에 150원 하는 국수 장사를 했다고 한다. 그것도 무허가라고 경찰에서 많은 수모도 당했다고 한다. 하루아침에 사모님에서 국수가게 아줌마로 전락한 것이다. 남편 옥살이도 억울한데, 설상가상으로 둘째를 잃고 그 사실을 나에게 1년 동안이나 숨겨 왔다. 그때의 고통은 내가 중정이나 옥살이에서 당한 것과 비교할 수 없을 만큼 컸을 것으로 안다. 아내의 그 인내와 용기에 대해서도 감사하고 자랑스럽게 생각한다. (분단시대의 피고들, 이성희—무기징역으로 막은 분단극복의 길)

다른 사건은 대부분 민주화운동 사건과 통일운동 사건이다. 1990년 들어서면서 민주화운동 이외에 통일운동 사건이 등장하게 된다. 선생이 일찌감치 말했던 '분단시대'를 뛰어넘기 위한 시도들이 1990년 들어서서 나타나기 시작했다.

민주화운동 사건으로 대표적인 것은 '긴급조치 민주인사 구속사건', '긴급조치4호 민청학련사건', '민청학련사건 연계 인민혁명당사건', '야당 대통령후보 선거법위반사건', '김대중내란음모 사건(이 사건에서는 선생 본인이 직접 피고인이 되었다)', '부천서 성고문 재정신청사건', '정부 보도지침 폭로사건', '대우조선 노동자 장식 방해사건' 등이 있다.

통일운동 관련 사건으로는 '한겨레신문 방북취재기획사건', '문익환 목사 방북사건', '전대협 임수경 양 입북사건', '작가 황석 영 방북사건' 등이 있다.

모두 한국 사회를 흔들었고 역사의 물줄기를 바꾼 사건들이 다. 1983년 대학생이 되어 학생운동과 노동운동을 했던 나로서 는 부천서 성고문 사건부터는 직간접적으로 연결되어 있어 그때 의 느낌이 그대로 다시 살아난다. 심장을 죄는 듯한 느낌이 다시 살아난다. 이들 사건 중 다수는 민주화 이후 재심으로 무죄판 결을 받았다.

필화사건도 선생의 주요 변론사건 목록이다. '소설 〈분지〉 필 화사건', '월간 《다리》지 필화사건', '담시 〈오적〉 필화사건', '《한 양》지 관련 문인사건', '〈어떤 조사(弔辭)〉 반공법 필화사건(이 사건 역시 선생 본인이 피고인이었다)', '《민중교육》지 사건', '《즐거운 사라》 필화사건' 등이 여기에 해당한다. 선생이 문인이면서 분단시대 의 변호사였기 때문에 담당했던 변론사건들이다.

대통령긴급조치 위반으로 기소된 민청학련사건의 항소심(고등군법회의) 법정. 변호인석에 한승헌 변호사의 모습이 보인다(1974년).

재판 수준을 높인 변론

선생은 간첩단 사건, 민주화운동 사건, 필화사건을 기계적으로 맡은 것이 아니다. 심혈을 기울여 변론하고 또 변론했다. 선생의 말씀대로 이들 사건의 주인공은 억울하게 간첩으로 조작되었던 사람들이다. 민주주의와 자유를 위해 독재정권에 저항했던 사람들이었다. 자유롭게 글을 썼다는 이유로 구속된 피고인들이었다. 사건의 주인공은 아무래도 수사받고 재판받는 피고인들이다.

하지만 법정에서는 이들을 돕는 변호사 역시 주인공이 된다. 변호사는 피고인을 돕는 조력자지만 전문가로서 재판의 방향을 좌우하고 재판의 질을 결정한다. 변호사 역시 법정에서는 재판의 수준을 높이는 주체인 것이다. 선생의 변론은 당시 형편없이 낮았던 재판 수준을 높이는 격조 있는 변론이었다.

분단시대의 시국사건들은 선생의 표현대로 '정찰제' 판결 대상 사건들이다. 결론은 미리 정해져 있었다. 수사와 재판 과정은 원래 실체적 진실을 밝혀 나가는 과정이므로 결론은 바뀌기 마련이다. 그렇지만 분단시대 시국사건의 결론은 바뀌지 않는다. 수사와 재판의 책임을 지고 있는 검사와 판사 중 누구도 결론을 좌우하지 않는다. 수사와 재판의 독립성을 바탕으로 정치권력의 간섭에 저항해야 하지만 검사와 판사 중 누구도 저항하지 않는다. 법정에서의 공방은 요식행위, 장식행위일 뿐이다. 뻔한 공소장과 더 뻔한 판결문이 기대되는 곳이다. 재판의 수준은 형편없다. 재판이 아니라 개판이라고 해도 할 말이 없다.

이때 유일하게 재판의 수준을 높이는 인물은 피고인을 변호하는 변호사다. 판·검사와 비교해서는 안 되고 비교할 필요도 없다. 수준과 격조와 품위는 비교의 대상이 아니다. 분단시대의 법정에서 판·검사는 자신의 역할을 하지 못했다. 분단시대 법정에서 선생을 비롯한 변호사들은 판·검사에 비해 월등히 높은 수준의 변론을 구사했다. 판·검사에 비해 조금 우위에 있는 정도가 아니었다. 당시 재판이 그나마 재판의 형식을 갖추었던 것은 분단시대의 변호사가 있었기 때문이다. 피고인들을 법정에서나마 보호한 것은 국가기관이 아닌 변호사였다. 선생을 비롯한 분단시대의 변호사들은 심혈을 기울여 피고인의 입장을 법정 용어와 절차에 따라 격조 높게 구현했다.

수준 높은 변론을 방해하는 3요소

변호사들이 재판에 참여하여 재판의 수준을 높여야 한다는 것은 당연한 말처럼 들린다. 하지만 여기에는 3가지 장애가 있다.

첫째, 분단시대의 시국사건이라는 장애가 있다. 변호사들도 일상적으로 정보기관으로부터 압력을 받는다. 심지어 구속되어 피고인이 될 위험이 있다. 실제 선생은 두 번이나 직접 피고인이 되어 재판을 받았다. 변호사 중에는 정보기관으로부터 사임하도록 압력을 받은 분도 있다. 분단시대에 피고인이 되는 것은 대단한 용기가 필요한 일이었다. 군부독재정권에 저항하는 것은 목숨을 걸고 하는 일이었다. 그만큼은 아니겠지만 변호사로서 분단시대의 피고인을 변호하는 것도 상당한 용기가 필요한 일이었다.

용기를 내어 분단시대 시국사건 변호를 하더라도 그 다음에는 '패소'가 뻔하다는 장애가 있다. 아무리 피고인의 무죄를 확신하더라도 계속 패소한다면 변호사로서는 괴로운 일이다. 원래 모든 변호사는 승패가 절반 이상이다. 절반이 넘는 이유는 절충적인 판결이 나오기 때문이다. 예를 들어 민사재판에서 1천만 원을 청구했는데 800만 원의 지급판결을 받았다면 이것은 양쪽 변호사가 모두 이겼다고 해도 된다. 형사사건에서도 구속되었다가 풀려나는 경우나 집행유예를 선고받은 경우도 일부 승소라고 할 수 있다. 그렇지만 분단시대의 시국사건은 무죄를 목표로 한다. 원래 무죄이기 때문이다. 무죄가 아니면 모두 패소다. 어쩌다가 있는 승소는 너무 희귀해서 큰 힘이 되지 못한다. 아무리 좋은 일이라고 하지만 계속 패소하면 괴롭게 마련이다.

이에 대해 리영희 교수는 "사건이 끝난 지 여러 해가 지난 뒤에서 '열심히 변론할수록 유죄판결이 틀림없었던' 그 시대의 법정에서 한 변호사의 심정을 헤아리면서 숙연해지는 것이다. 얼마나 괴로웠을까!"라고 회고하고 있다. (분단시대의 피고들, 리영희-독재자의 '눈엣가시'가 되어)

둘째, 전문성이라는 장애가 있다. 시국사건도 하나의 전문 분야다. 인권법은 매우 복잡하고 구체적이고 국제적인 전문 분야다. 내용을 알아야 제대로 변호할 수 있다. 반공법과 국가보안법, 인권법에 통달해야 한다. 선생의 반공법과 국가보안법에 대한 예리한 분석은 선생이 이 분야의 전문가임을 보여 준다. 필화사건이라면 문학작품에 대한 이해도 필수적이다. 문학작품에 대한 이해를 넘어 문학관도 필요하다. 전문성이 부족하면 변호사로서는 합격점을 받기 어렵다.

셋째, 관성이라는 장애가 있다. 같은 종류의 사건을 계속하면 같은 내용의 변론을 하게 된다. 같은 내용의 변론을 하게 되면 지루하게 되고 지루하게 되면 관성이라는 장애에 빠진다. 관성적인 재판과 변론은 재판의 수준, 격조를 떨어뜨린다. 더구나 정성을 들인 변론이 효과가 없을 때 변호사도 힘이 빠진다. 분단시대 피고인들의 재판은 변호사들의 용기와 정성에 비하여 효과는 적었다. 효과가 적으니 힘이 빠질 수밖에 없다. 더 큰 문제는 분단시대가 언제 끝날지 모른다는 사실이다. 유신시대는 10·26으로 끝났지만 1980년 5·18쿠데타로 신군부의 군부독재는 계속되었다. 끝이 없을 것 같은 분단시대, 군부독재시대는 변론을 관성적으로 만드는 가장 큰 힘이다.

분단시대의 시국재판은 변호사만의 힘으로 수준을 높이기 어려웠다. 객관적인 장애가 너무 높았다. 하지만 선생은 이러한 3가지 장애를 넘어섰다. 선생을 필두로 하는 인권변호사들은 이러한 장애를 넘어섰다.

필화사건에서 보인 재판의 수준

첫 시국사건 변론인 '소설 〈분지〉 필화사건'(1965, 31세)에서 선생은 사건에 꼭 맞는 높은 수준의 변론을 구사했다. 사건에 따른 변론의 전문성이 무엇인지 하나의 사례를 보여 준다. 선생은 변론문에서 문학의 본질을 다음과 같이 설명했다.

문학의 본질은 여러 가지로 운위할 수 있지만 투르게네프의 말을 빌리자면 그것은 하나의 개조요, 저항이요, 고발이요, 갈망이며 연소작용이라고 말할 수 있다.

또 다른 말로 하자면 문학의 본질은 결국 인간의 존재와 정신의 탐구에 있고 진선미를 추구하는 정신작업을 내용으로 삼고 있다 할 것인데, 아직도 문학을 우리 고대소설에서처럼 권선징악, 파사현정의 잠언이나 미화·예찬만을 적재해야 되는 것으로 이해한다는 것은 상식 이전의 오류이다.

작품 속의 상황이나 인물은 어디까지 상징의 세계, 가능성의 관념작용에 불과한 것이다. 만약 문학에서 그런 상징성을 고려에 넣지 않는다면, 창작도 감상도 존재할 여지가 없게 된다. 은유나 우회적 수법을 도입한 작품을 이해함에 있어서는 자칫하면 장님이 코끼리 만지는 엉뚱한 독단을 범하기 쉽다. (권력과 필화, 소설 〈분지〉 필화사건 변론문)

문학의 본질에 대한 통찰은 증인 신문 과정에서 더 잘 나타난다. 앞의 증인인 한재덕은 검찰측 증인이고 뒤의 증인인 이어령은 문학평론가로서 피고인측 증인이다. 특히 이어령의 증언은 재판의 수준을 높이는 훌륭한 증언이다. 이러한 증언을 준비한 변호인인 선생의 안목을 주목해야 한다.

> **변호인** : 〈분지〉의 주인공 홍만수의 선조 홍길동은 북한 집단의 사상에 부합되는 인물이라고 했는데?
>
> **증인(한재덕)** : 북괴가 대남방송에 홍길동을 내세우고 있는데 이 작품이 그것과 우연의 일치인지 아닌지는 모르겠다. 그러나 이 작품은 북괴의 홍길동에 동조하는 내용이다.
>
> **변호인** : 지금 남한에서 〈홍길동〉이라는 영화가 상영되고 있는 사실은 아는가?
>
> **증인** : 알고 있다.(권력과 필화)

> **변호인** : 〈분지〉는 반미적인 소설인가?
>
> **증인(이어령)** : 이 소설은 우화적 수법으로 쓴 것이므로 친미도 반미도 아니다.
>
> **변호인** : 현실 그 자체를 그린 것이 아니란 말인가?
>
> **증인** : 그렇다. 이 작품에서 한국 여성과 미군의 관계는 미국

문화가 한국 문화에 접촉하는 과정을 비유한 것이다. 계급
의식이란 것도, 빈부의 차가 어떻게 이루어졌는가에 관해
서도 작품 안에 언급이 없으므로 단순히 약자에 대한 동
정으로 해석된다. 약자에 대한 동정은 계급의식의 고취라
고 볼 수 없다.

변호인 : 저항문학이란 무엇인가?

증인 : 문학에는 본질적으로 저항의 일면이 있다. 문학의 창조
성과 저항성은 동전의 안팎과 같은 관계를 이루고 있다.

변호인 : 이 작품이 북한 공산집단의 주장에 동조했다는 공격
을 받고 있는데.

증인 : 달을 가리키는데 보라는 달은 보지 않고 손가락만 보는
격이다. 남씨가 가리키는 달은 주체적인 한국의 문화이며,
'어머니'로 상징되는 조국이다. 장미의 뿌리는 장미꽃을 피
우기 위해 있는 것이므로, 설령 어느 신사가 애용하는 파
이프를 만드는 데 그것이 쓰였다고 해서 장미 뿌리는 파이
프를 위해서 자란다고 말할 수는 없지 않은가.

검사 : 나는 이 소설을 읽고 놀랐는데 증인은 용공적이라고 보
지 않았는가?

증인 : 나는 놀라지 않았다. 병풍 속의 호랑이를 진짜 호랑이로
아는 사람은 놀라겠지만, 그것을 그림으로 아는 사람은 놀라

지 않는다. 〈분지〉는 신문기사가 아니다. (권력과 필화)

증인 한재덕에 대한 신문에서 변호인은 끝까지 질문을 던져 결론을 내지 않는다. 그냥 "지금 남한에서 〈홍길동〉이라는 영화가 상영되고 있는 사실은 아는가?"라고만 묻고 그에 대한 긍정적인 답변을 이끌어 낸다. 여기까지 신문과 답변을 하면 결론이 무엇인지는 누구도 알 수 있는 일이다. 어떤 때는 표현되지 않은 것이 표현된 것보다 더 많은 것을 생각하게 한다.

〈분지〉 사건에는 문학평론가 이어령만이 아니라 소설가 안수길도 특별변호인으로 등장했다. 소설가 안수길은 법원 허가를 얻어 특별변호인으로 의견을 제시했다. 그는 문학을 정권 탄압으로부터 지키려고 했다. 그의 변론의 일부다.

미국의 존 스타인벡은 《분노의 포도》를 써서 나치 독일의 반미 선전에 크게 이용당했지만 이 작가는 법정에 선 일이 없었다. 당국은 문학의 저항성을 오해하고 있는 것 같다. 작품 때문에 작가가 형을 받는 일은 일제 강점기에도 없었는데 해방 20년이 지난 오늘에 그런 일이 있다면 이는 역사의 수레바퀴를 뒤로 돌리는 일이 아닐 수 없다. (권력과 필화)

'소설 〈분지〉 필화사건'을 자세히 소개한 것은 변호사의 변호 활동이 재판의 수준을 높일 수 있다는 점을 보이기 위함이다. 특히 획일적인 수사와 공소, 재판이 지배하는 시국사건에서는 변호사의 변론이 결정적이다.

〈분지〉 사건에서 중요한 것 중의 하나는 문학인들이 증인으로 나와 재판의 수준을 한참 높였다는 것이다. 이어령 선생과 안수길 선생의 활약이 이에 해당한다. 재판의 핵심 쟁점인 문학의 문제를 문학인들이 직접 설명하도록 함으로써 판·검사들에게 문학의 독자성을 이해시키려고 한 점이 돋보인다. 물론 판·검사들이 이러한 의도를 이해했는지는 의심스럽기는 하지만 말이다. 이어령 선생과 안수길 선생이 법정에서 직접 증언하고 변호할 수 있었던 것 역시 변호사였던 선생의 역할이었다.

또 다른 필화사건인 '《한양》 관련 문인사건'에서 선생은 변론요지서를 통하여 사건의 쟁점을 깔끔하게 정리한 바 있다. 사건의 쟁점 정리는 변론의 출발점이고 변론의 수준을 결정하는 주춧돌이다. 선생의 변론 실력을 알 수 있는 대목이다.

서언

1. 피고인들에 대한 공소사실의 줄거리인즉, 피고인들이 국제회의나 세미나 참석차 방일하였을 때에 한양사의 김기심 및

김인재를 만나 그들로부터 향응과 돈을 받고 그때를 전후
하여 원고를 써 보낸 행위가 반국가단체 구성원과의 회합,
금품수수, 편의제공 등에 해당한다는 점에 있다.
2. 그러므로 이 사건에서의 쟁점은
  (1) 김기심, 김인재 등이 반국가단체의 구성원인가.
  (2) 그들이 발행하는 잡지 《한양》이 반국가단체의 위장 출
    판물인가.
  (3) 피고인들은 위 김기심, 김인재 등이 반국가단체의 구성
    원이며 《한양》이 그들의 위장 출판물이라는 점을 알면서
    본건 소위를 행하였는가.
  (4) 피고인들은 자기들의 본건 소위가 반국가단체에 이익이
    되는 것을 인식하였으며, 그들의 행위가 객관적으로 보
    아 반국가단체를 이롭게 한 것으로 볼 수 있는가 등으로
    요약될 수 있겠다.
3. 이와 같은 법률상의 쟁점을 심리상에 나타난 사실과 증거
  에 비추어 구체적으로 검토하면 다음과 같다. (권력과 필화)

이 서언은 사건의 쟁점을 요약하고 변론 순서를 드러내는
데 최상급의 솜씨를 보여 준다. 지금 당장 어떤 사건에도 활용
할 수 있는 방법론이 담겨 있다. 쟁점의 순서를 보면 먼저 피고

인들이 만난 사람들이 반국가단체의 구성원인지 여부, 그들이 발행하는 잡지이자 피고인들이 기고한 잡지가 반국가단체의 위장 출판물인가를 제기하고 있다. 이들 문제가 해결되면 본 사건의 핵심 쟁점인 피고인들의 행위가 국가보안법 위반인지 여부는 자동적으로 해결된다.

복잡한 사건이라면 쟁점 요약과 변론 순서 소개는 매우 중요하다. 사건 쟁점을 공소사실의 순서에 따라 정리하는 것은 사건과 법령에 대한 깊은 이해가 없다면 불가능하다. 선생은 변론의 전문성이라는 측면에서도 '세상의 끝' 가까이까지 갔던 것이다.

변론의 수준을 높이려면 재판을 하는 범죄사실을 잘 알아야 한다. 배경도 알아야 한다. 정치범이거나 민주화운동 관련자인 경우에는 이들의 동기를 정확히 알아야 한다. 민주주의 이론, 이념적인 문제 등에 대한 충분한 지식과 판단력이 있어야한다. 이럴 때에만 정치인이나 민주투사들의 의사를 재판정에서 정확하게 대변할 수 있다. 이들이 법정에서 자존심과 자부심을 손상당하지 않고 자신의 주장을 펴기 위해서는 변호사도 공부를 해야 한다. 선생의 변론 준비에 대한 다음의 평가는 선생의 수준을 보여 준다. 형사 변호를 시작하는 변호사들에게 많은 도움이 될 것이다.

변호사 신문은 한승헌 변호사님이 하셨다. 미리 오셔서 조목
조목 정리한 것들을 보여 주면서 자세하게 의견도 묻고 지도도
해 주셨는데, 아주 자상하신 것이 남이 아니라 한식구 같은 느
낌이었다. 작은 키에 약간 가무잡잡한 얼굴이 꼭 시골에서 김
매다 지금 막 올라오신 삼촌 같은 느낌이 들었다.

한 변호사님을 접견하고 감방에 돌아와서는 말씀해 주신 것
을 조목조목 머리에 떠올리며 답변을 구상하고 외우곤 했다. 지
금 그 내용은 기억나지 않지만 한 변호사님이 교육이론가들 못
지않게 교육 문제에 관해, 이념적인 문제에 관해 해박한 지식과
정확한 판단력을 갖고 계신 것에 놀랐던 기억이 난다. (분단시대
의 피고들, 윤재철-교육민주화의 횃불)

변호사와 언론인의 법정 만남

변호사는 재판의 수준도 높이지만 변호사 직업 자체의 수준
도 높일 수 있다. 변호 활동을 통하여 재판에 관여한 사람들의
변호사에 대한 인식을 바꿀 수 있는 것이다. 이것은 정권에 저
항하는 것과는 다른 작업이다. 대상이 변호사를 도와 재판에
참여하는 사람이므로 적절한 위치에서 적절한 행위를 할 수 있
도록 해야 한다. 그 속에서 재판의 수준을 높이고 있다는 자부
심을 느끼도록 해야 한다.

언론인 박권상은 1987년 보도지침 사건에서 증인으로 재판에 참여한 경험을 다음과 같이 표현하고 있다. 군부독재정권의 분단시대에 증인으로 나서는 것은 매우 위험한 일이지만 박권상은 오히려 고마움을 표현한다.

나는 한승헌 변호사의 '동원령'에 따라 난생처음 '증인' 자격으로 법정에서 담당 검사와 두 시간에 걸쳐 입씨름한 일이 있다. 재판은 예사로운 재판이라기보다 싸움이요 결투였다.

그때 진실과 정의와 자유의 편에서 진두지휘한 사령관이 바로 한승헌이었다. 변호인석에는 20명 가까운 민권변호사들이 기라성을 이루어 거짓의 편에 서 억지논리를 펴는 검찰을 위압하고 질타하고 있었다. 신나는 장면이었다. 논리로써는 아예 싸움이 안 되는 싸움이었다. 이미 외신에 나가 전 세계가 다 아는 사실을 뒤늦게 보도한 것을 '기밀누설죄'로 몰아붙이는 억지가 통할 수 있겠는가.

재판이 거듭될수록 결론은 선명해졌다. 결국 논리와 정의와 대세에 몰려 담당 판사는 '집행유예'라는 구차한 판결로 전원 석방하고 말았다. 당시 세상 사람들에 널리 알려질 수 없는 언론 상황이었으나 그것은 찬란한 승리였다. 6월항쟁 전야에 벌어진 쾌거였다.

나는 이 정의로운 싸움에 참여, 하찮은 역할이나마 할 수 있었던 것을 흔쾌한 추억으로 간직하고 '사령관'의 배려에 감사한다. 그리고 그때 느꼈던 것이 "변호사란 참 멋있는 직업이구나" 하는 부러움이었다. 단, 정의롭고 올바르고 약한 자의 편에서 양심을 행동으로 표시할 때 말이다. 그렇다. 파사현정(破邪顯正)하고 억강부약(抑强扶弱)할 때 말이다.

이 점, 저널리스트 역시 일하는 보람은 마찬가지다. 만일 본인이 원한다면 자유를 사랑하고 진실을 좇고 정의를 밝히고 지혜로우면서도 정정당당하게 살아가는 길을 택할 수 있으니까. 그러나 그렇듯 멋있는 변호사나 언론인이 어디 흔한 세상인가. (분단시대의 피고들, 박권상-자유주의자 한승헌의 고난의 한 시대)

문익환 목사 방북사건

통일운동과 관련한 사건 중에 문익환 목사 방북사건(1989, 55세)은 빼놓을 수 없다. 문익환 목사는 1989년 3월 북한을 방문하여 김일성, 허담 등 지도급 요인과 만나 조국 통일에 대하여 진지하게 논의했다. 그는 4월 13일 서울로 돌아왔다.

선생은 문 목사의 방북 소식을 들었을 때 '심란한 생각'이 들었다고 한다. "정국에 미칠 영향도 걱정되었거니와 어차피 내가 변호를 맡아야 될 그 사건이 큰 일거리로 생각되었기 때문이다."

(분단시대의 법정) 문 목사 사건은 과연 큰 사건이었다. 다음의 일화는 이 사건의 의미가 얼마나 큰지 생각하게 만드는 일화다. 변호사로서는 말할 수 없을 정도로 압박감을 느꼈을 것이다.

인정신문이 끝나자 방청석에서 한 할머니의 외침이 들렸다.

"재판 시작하기 전에 내가 아들에게 부탁할 일이 있소. 아들은 72살이고 나는 95살이오. 너는 우리 7천만 민족을 위해 일하고 감옥에 들어가 있는데…."

이때 판사가 발언을 중단시키려 했으나 문 목사의 자당이신 그 할머니는 아랑곳하지 않고 말을 계속했다.

"예수님이 십자가를 메고 골고다를 향해 가는 심정으로 재판을 받아라! 익환아, 그것을 기억해라!"

법정 안은 숙연해져 있었다.

"문 목사가 김일성이를 안아 줬다고 뭐라 하는데, 여보시오, 목사가 아니면 김일성이를 안아 줄 사람이 없어요!" (분단시대의 법정)

이 사건에서 선생은 다음과 같이 상고이유를 밝히면서 원심을 강하게 질타했다. 그리고 대법원이 원래 사법부의 사명으로 되돌아갈 것을 촉구했다. 선생의 문익환 목사의 상고이유서는

재판정에 들어서는 문익환 목사

문익환 목사를 접견하고 있는 한승헌 변호사

사법 현실에 대한 고발장이었다. 나아가 상고이유를 요약하는 솜씨도 보이고 있다. 수준 높은 상고이유서를 통해 당시 형식적 절차에 불과했던 재판의 수준도 높이고 있다. 해당 부분을 직접 보면서 당시의 기백을 느껴보자.

원심판결은 헌법 규범은 말할 것도 없고 변화된 법현실과 국민의 일반적 법감정과도 배치되어 실체적 진실 발견과 구체적 타당성을 지닌 법해석에 실패하고 있는 것입니다. 이것은 원심 재판부가 구태의연한 법의식을 가지고 있음은 물론이고 종래 대법원 판례가 지녀온 냉전 이데올로기와 폐쇄적 사고방식의 틀 속에 안주하고 있음을 말해 주고 있습니다.

이러한 의식과 사고는 원심판결 이유의 곳곳에 나타나고 있거니와 이로 말미암아 정당한 법해석과 건전한 법률적 판단을 그르치고 있습니다. 소송절차와 수사과정의 위법성에 관한 판단에 있어서 원심 재판부는 사법부의 사명에 어울리지 않는 '국법 질서' 운운의 공안적 또는 치안적 사고를 보여 주고 있는가 하면, 국민의 기본권 보장보다는 재판권 또는 사법권을 강조함으로써 사법부 본래의 임무를 망각하고 말았습니다. 이것은 민주화 시대에 있어서 수구적 또는 보수회귀적 입장을 보임으로써 사법부의 시대적 부적응성을 노출하고 있음에 다름 아닙니다.

또한 실체적 판단에 있어서 피고인들에 대한 비난과 유죄의 선입관을 앞세운 나머지 논리적 모순, 이유설시의 구체성 결여, 증거 없는 사실 인정 등의 잘못을 저지르고 있습니다. 이러한 위법은 곧바로 채증법칙 위배 및 법령 적용의 잘못으로 이어지고 있음은 물론입니다.

이제 상고심은 바로 이 사건에서 변화한 법현실에 맞추어 헌법 규범과 국민의 기본권 보장이라는 원래 사법부의 사명으로 되돌아가 제대로 된 판단을 해 주어야 할 상황에 이르렀습니다. 그럼으로써 전반적 법불신 현상과 형평성이 상실된 법적용 현실에 일대 경종을 울리고 하급심에게 새로운 법해석의 준거를 마련해 주어야 할 것입니다. 이것은 상고심이 어떤 혁명적인 변혁적 의식 전환을 하여야 한다는 것이 아니라 사법부가 본래 갖추어야 할 정당하고도 자연스러운 법해석 기관으로 자리해 주기를 바라는 뜻일 뿐입니다.

변론을 하나의 투쟁양식으로 정착

선생을 비롯한 민변 변호사들이 시국사건을 변론하기 전에는 변론은 그냥 변론이었을 뿐이다. 변호사들은 수사와 재판 과정에서 피고인을 돕는 역할에 충실했다. 물론 그것만으로도 의미가 있다. 피고인을 돕는 것만으로도 형사 변호는 충분할 수 있다. 하지만 선생을 비롯한 민변 변호사들이 시국사건을 변론하자 형사 변호는 군부독재정권에 대한 투쟁으로 발전했다.

형사사건에서 변호인은 필수적이다. 보통 시민은 평생 한두 번 경찰서, 검찰청에서 조사를 받을까 말까다. 공개된 법정에서 재판을 받는 것도 드문 일이다. 아예 경찰서, 검찰청, 법정 가까이 가지 않는 사람도 많다. 법과 가능한 한 가까이 지내지 않는 것이 좋은 일이라고 생각하는 사람들이 대부분이다.

이런 상태에서 보통 시민들이 수사와 재판 과정에서 주눅들지 않고 당당히 자신을 방어할 수 있다고 믿는 것은 자기기만에 가깝다. 헌법과 형사소송법에 근거하여 자신을 방어할 수 있다고 가정하는 것은 상상일 뿐이다. 시민들은 경찰, 검사, 법관이라는 전문가들 사이에서 주눅들기 십상이다. 그래서 변호사도 수사를 받을 때 변호사의 도움을 받고 대통령도 변호사를 대동하고 수사기관에 들어간다. 이때 피고인을 도와 피고인의 인권을 지키고 수사와 재판이 공정하게 되도록 하는 자가 바로 변호인인 변호사다. 참고로 변호사는 국가가 공인한 법률전문가를 의미하고 변호인은 형사사건에서 피고인을 돕는 사람을 말한다. 원칙적으로 변호인은 법률전문가여야 하므로 변호사 중에서 선임된다.

중한 사건에서는 더욱 변호사가 필요하다. 우리 법률은 중죄

사건에서는 변호인이 없으면 재판을 하지 못하며, 만일 중죄 사건에서 변호인이 없다면 국가가 변호인을 선임해 준다. 이처럼 변호사는 형사재판에서 필수적인 존재다. 보통의 형사사건에서는 피의자, 피고인을 돕고 이들의 인권을 지키고 공정한 재판을 하도록 하는 역할이 변호사의 몫이다. 이것만 해도 변호사는 충분한 역할을 했다고 할 수 있다.

하지만 분단시대의 법정은 변호사에게 더 많은 것을 요구했다. 피고인의 보호자이지만 피고인의 동료이자 동지여야 했다. 어떤 때는 피고인의 지도자여야 한다. 그리고 피고인과 함께 무도한 권력자를 꾸짖어야 하고 판·검사를 가르치기도 해야 했다. 말도 안 되는 재판을 기록하고 알려야 하는 증언자가 되어야 했다. 이를 선생은 다음과 같이 표현한다.

흉포한 권력 앞에 맨몸으로 맞서는 피고인들에게 방어와 반격의 우군이 되어 주고 싶었다. 험하고 불안한 수사·재판의 미로에서 길잡이가 되고 싶었다. 혹시 마음 약해질 수도 있는 그들에게 기를 살려 주고 싶었다. 그리고 단상의 인간들에게 악에 영합하는 오판의 과오를 깨우쳐 주고 싶었다.

내가 법정의 변호인석을 지킨 또 하나의 이유는 그처럼 문제가 많은 재판의 허상을 세상에 널리 알리는 '증언자'가 되는 것이었다. 앞서의 여러 동인이 변호 활동 당시의 과제였다면 방금 말한 '증언자'라는 소임은 재판 후에 내가 감당해야 할 숙제로 남게 되었다. (분단시대의 법정, 머리말)

선생은 이러한 역할을 30년 넘게 해 왔다. 이를 통해 분단시대 피고인들의 변호의 전형, 모범 사례를 만들어 냈다. 분단시대 변호사들이 해야 할 일의 표준을 만들었다. 변호사들이 법정에서 어떻게 민주화투쟁, 통일투쟁과 함께할 수 있는가를 몸으로 보여 주었다. 시국사건 변호는 분단시대 변호사들의 표준적인 투쟁 양식이 되었다.

시국사건 변호는 더 나아가 일반사건 변호에도 큰 영향을 미쳤다. 시국사건 변호는 형식적으로는 엄격하게 법률 규정에 맞게 진행되었다는 점, 내용적으로는 피고인의 인권을 강하게 주장했다는 점에 특징이 있다. 분단시대의 시국사건 처리과정에서 법원은 최소한 형식적 정당성을 보장하려고 했다. 내용이 너무 부당했기 때문이다. 물론 모든 사건에서 절차적 정당성이 보장된 것은 아니었다. 그렇지만 수사에 비하면 재판의 절차적 정당성은 지켜졌다. 피고인들과 변호사들도 자신의 주장을 끝까지 펼칠 수 있었다. 혹시 법관에게 잘못 보여 더 높은 형을 선고받지 않을까 하는 걱정을 하지 않았기 때문이다.

검사에게 억눌리고 판사에게 주눅드는 재판현장에서 절차를 완벽하게 지키고 피고인의 인권을 주장하는 것은 사실상 불가능하다. 형을 선고하는 판사는 재량을 가지고 있다. 피고인의 입장에서 보면 판사는 자신의 생사를 좌우하는 인물인 것이다. 판사의 눈치를 볼 수밖에 없어 판사의 편의대로 진행되는 재판이 과거의 일반사건 재판이었다. 하지만 분단시대 시국사건은 이럴 필요가 없었으므로 법률 규정에 따라 진행되었다. 시국사건 재판이 재판의 수준을 높이고 전형을 만들어 낸 것은 어쩌면 당연한 결과다.

선생은 시국사건 변호가 하나의 투쟁 양식이고 일반사건 변호의 모범임을 증명해 냈다. 선생과 초기 민변 변호사들의 변호 활동은 시국사건 변호를 통해 후배 변호사들에게 전해졌고 지금도 이어지고 있다. 지금은 수많은 변호사들의 활동으로 시국사건 변호가 하나의 전문 분야로 정착되었다. 나아가 시국사건 변호에서 익힌 경험을 다른 일반사건에서도 확장 적용하고 있다. 정치범만이 아니라 모든 시민들의 자유와 인권을 지키려고 노력하고 있다.

시국사건 변호가 일반사건으로 확대된 예 중의 하나는 재판 도중 수갑과 포승을 푸는 관행을 만든 것이다. 과거 1990년대 중반까지는 피고인이 수갑과 포승에 묶인 채 재판을 받았다. 이에 대해 시국사건 변호사들은 무죄추정의 원칙에 반한다고 강하게 항의했다. 항의는 받아들여져서 재판을 받는 동안에는 그나마 수갑과 포승을 하지 않게 되었다. 이러한 관행 변화는 당연히 일반사건에도 확대 적용되었고, 지금은 구속된 피고인도 사복을 착용하고 재판을 받을 수 있는 단계로까지 확대되었다. 좋은 모범이 있으면 확대되게 마련이다.

변호사의 한계를 넘어 투쟁의 현장으로

선생은 분단시대 피고인들을 변호하고 변호를 통해 변호사들의 투쟁 양식을 발견, 정착시키는 데 그치지 않았다. 분단시대를 극복하고자 직접 투쟁의 대열에 함께했다. 법률가의 방식으로 투쟁에 나섰지만 그렇다고 법률가의 방식만을 고집한 것은 아니었다. 정치인, 재야인사와 연대하여 민주화투쟁에 나섰다. 1980년 서울의 봄 당시 '김대중내란음모사건'으로 구속, 기소된 사실은 선생이 민주화투쟁의 중심에 있었다는 점을 보여준다. 연보를 통하여 선생의 투쟁의 발자취를 따라가 보자.

1968년 4월   재일교포 이득현 사건 후원회 창립, 이사
1972년 3월   양심의 수인(囚人)을 돕는 국제앰네스티
              한국위원회 창립, 이사

1973년 5월   대한변호사협회 문화공보위원장

1973년 9월   재단법인 크리스챤아카데미 이사

1973년 10월   민주회복국민회의(공동대표 : 함석헌, 김재준,
              이병린) 중앙위원

1973년 11월   자유실천문인협의회 발기 참여, 이사

1974년 5월   한국기독교교회협의회(KNCC) 인권위원

1975년 3월   〈어떤 조사(弔辭)〉 반공법 위반으로 구속,
              징역 1년, 집행유예 3년 선고

1977년 9월   민주주의와 민족통일을 위한 국민연합(공동대표 :
              윤보선, 함석헌, 김대중) 집행위원

1979년 5월   국제앰네스티 한국위원회 전무이사

1980년 5월   김대중내란음모사건 구속, 징역 3년 선고

1984년 9월   한국기독교교회협의회 재일한국인위원회 위원

1986년 10월   한국인권운동협의회 실행위원

1986년 10월   한국기독교산업개발원 이사

1987년 5월   민주헌법쟁취 국민운동본부 상임공동대표

1987년 6월   6월항쟁에 30여 명의 변호사와 함께 참가

1988년 5월   한겨레신문 창간위원회 위원장

1990년 1월   민족문학작가회의 이사

1990년 7월   장공 김재준 목사 기념사업회 이사

선생은 1987년 5월 발족된 민주헌법쟁취 국민운동본부 상임공동대표로서 법조계의 대표, 국민의 대표로 활동했다. 박정희 정권 때부터 시작된 반독재 민주화투쟁은 전두환 정권에서 최고조에 달했고 1987년 6월항쟁에서 폭발했다. 6월항쟁의 구심점 역할을 한 조직이 민주헌법쟁취 국민운동본부였다.

선생은 민주헌법쟁취 국민운동본부 상임공동대표로서 6월항쟁의 중앙에 서 있었다. 선생의 반독재 민주화투쟁 역시 70년대를 거쳐 1987년까지 이어졌고 발전해 온 것이다. 당시 선생이 민주헌법쟁취 국민운동본부에 참여하게 된 경위에 대하여 김병오 의원은 다음과 같이 회고한다.

나는 이돈명·한승헌·고영구·조준희 변호사를 찾아가서 상의했다. 이리하여 30여 명의 변호사들이 무교동 이돈명 변호사 사무실에서 서명을 받아 재야 법조계가 국민운동본부에 가입하게 되었다. 한승헌 변호사를 상임공동대표로, 고영구 변호사를 공동대표로, 이상수 변호사를 인권위원장으로 모시게 되었다.

그때 내가 덕수궁 옆에 있는 한승헌 변호사 사무실을 찾아갔을 때 선배님은 자진해서 이 어려운 때 국민운동본부에 참여하여 민주화투쟁에 함께 나서겠다고 했다. 이런 사실만 보아도 한승헌 선배님의 군부독재정권에 대한 강력한 투쟁의지와 그 정의감이 얼마나 강했던가를 알 수 있다. (분단시대의 피고들, 김병오–민주헌법쟁취 국민운동본부와 6월항쟁)

선생의 투쟁은 1990년 중반까지 집중되어 있다. 1997년 김대중 대통령의 당선 이후에는 민주주의가 정착하여 투쟁의 현장에 있을 필요가 줄어들었다. 분단시대 피고인들의 변호사건도 줄어들었다. 그렇다고 선생의 활동이 줄어든 것은 아니다. 김대중 정부에서는 감사원장으로, 노무현 정부에서는 사법제도개혁추진위원회 위원장으로 활동했다. 활동 방식이 바뀌었을 뿐 더 많은 일을 해야 했다.

이처럼 변호사들의 투쟁 방식에 대해서도 선생은 새로운 방식을 개척했다. 법률과 현장의 투쟁을 결합하여 새로운 투쟁

양식을 확립한 것이다. 선생의 투쟁 양식은 변호사들의 사회 참여가 어떤 식으로 이루어져야 하는지를 보여 주는 하나의 이정표가 되었다.

자신과의 싸움

선생의 변론이 항상 '성공'한 것은 아니었다. 당장의 결과는 좋지 않았다. 무죄보다 유죄를 받는 경우가 더 많았다. 물론 피고인 중 선생을 고마워하지 않은 사람은 없었다. 민주화 이후 선생의 변론은 재평가되기 시작했고, 민주화의 핵심 요소로 평가받았다. 하지만 군부독재정권 하에서는 무죄보다 유죄가 더 많았기에 성공적인 변론은 아니었다.

선생의 민주화투쟁 역시 '성공'한 것이 아니었다. 당장의 결과는 선생의 고난으로 나타났다. 장기적으로는 이 땅의 민주화에 큰 공헌을 했지만 말이다. 구속까지 된 두 사건, '〈어떤 조사(弔辭)〉 사건'과 '김대중내란음모사건'이 이를 보여 준다. 두 사건 모두 재심으로 무죄를 선고받았지만 그것이 수십 년의 고난을 보상하지는 않는다. 선생의 민주화투쟁 역시 세월이 지나 승리로 기록된다. 민주화운동에 승리와 패배가 무슨 의미가 있겠는가마는 그래도 굳이 구분하자면 그렇다.

그런데 선생의 고난 중에서 항상 승리한 분야가 있었다. 바로 자신과의 싸움, 양심과의 싸움이었다. 전향제도에서 유래한 각서 파동에서 선생은 자신과의 싸움에서 승리했다. 양심을 지킨 것이다. 당시 군부독재정권이 요구했던 각서가 어떤 의미가 있는지 생각하면서 선생의 말을 들어보자.

　박정희 유신정권 때 젊은이들이 민주청년협의회인가 하는 단체를 만든다기에 창립 행사 때 음료수 값이나 보태려는 마음으로 금일봉을 건네 준 일이 있다. 그런데 그들의 일이 탄로 나서 나도 '남산'(중앙정보부의 별칭)에 연행되었다. …돈을 주었지만 불법단체조직 자금은 절대 아니었다고 부인하는 선에서 끝이 나는가 했는데, 그럼 각서 한 장만 쓰고 나가라는 것이었다. 무슨 각서냐고 했더니 앞으로 위법행위를 하지 않겠다는 각서라고 했다. 위법행위를 한 적이 없는데 왜 그런 걸 쓰냐고 했더니, 앞으로 안 하겠다는 것일 뿐 과거에 범법했다는 뜻이 아니니까 요식행위로 알고 간단히 쓰라는 것이었다. 거기서 물러서면 그야말로 '간단히' 양심의 성이 무너지는 판이었다. 나는 끝내 거부하며 버티었다. (피고인이 된 변호사, 각서, 2005, 71세)

　1980년 5월 나는 이른바 김대중내란음모사건의 '조연급'으로 구속되었다. 비상고등군법회의에서 3년 징역을 선고받고 남한

산성 밑의 육군교도소에 갇혀 있는데 어느 날 남산(그때는 이름이 바뀌어 국가안전기획부=안기부라 했다)에서 기관원이 찾아왔다. 몸도 허약하고 하니 몇 자만 쓰면 내보내 주겠다는 말을 했다. 그것도 뭘 잘못했으니 반성한다는 식이 아니라 사회에 나가면 그저 법을 잘 지키겠다고만 쓰면 된다는 것이었다. 어서 풀려나고 싶은 마음이야 간절했지만 나 혼자만 그럴 수는 없었다.

"나야 앞으로도 법 잘 지킬 텐데 일부러 각서까지 쓸 필요가 있습니까." 이런 내 말을 듣고도 장시간 참을성 있게(?) 나를 설득하던 기관원들이 참 답답한 사람 봤다는 듯이 모처럼 특별 배려하여 기회를 주는 것이니 한 번 더 잘 생각해 보라는 말을 남기고 돌아갔다.

바로 그 다음날, 이번에는 기관원 아닌 법조계의 고등학교 동문 두 사람이 왔다. 어머니의 병환이 악화되시어 언제 어떻게 되실지 모르는데 그까짓 각서 한 장쯤 써주고 나오라는 것이었다. "만일 고집을 계속 부리면 너 한 사람은 떳떳할지 몰라도 어머니에게는 씻을 수 없는 불효가 된다"는 충고도 덧붙였다.

그들은 나의 가장 아픈 곳을 찔렀다. 평생 고생하시며 이 못난 자식 하나에 온 삶의 희망을 걸고 살아오신 어머니, 내가 시도 때도 없이 연행되고 두 번이나 감옥에 갇히는 액운을 겪는 중에 얼마나 놀라고 마음 아프셨을까를 생각해 보았다.

그러나 아무리 생각해도 각서는 쓸 수가 없었다. (피고인이 된 변호사, 각서)

변론과 투쟁의 과정에서 선생은 또 다른 투쟁을 하고 있었다. 양심을 침해하는 국가권력에 맞서 양심을 지키는 투쟁을 하고 있었다. 이 투쟁은 누구도 대신할 수 없다. 철저히 개인의 몫이다. 이 투쟁에서는 선생은 항상 이겼다. 양심과 수치심이 살아 있음을 보여 주었다. 선생의 이런 경험은 다음과 같은 충고를 더욱 빛나게 만든다.

나는 서울 법대 학생들에게 이런 말을 한 적이 있다. "과거 군사독재정권에 이용되거나 편승하여 민주·법치를 파괴하는 데 앞장선 사람들 중에는 여러분의 선배가 많았다. 반면, 그런 도구화된 두뇌들이 일조를 한 독재정권에 저항하여 민주주의를 위해서 싸운 이들 중에도 여러분의 선배들이 많았다. 과연 어느 부류의 선배를 본받고 따를 것인가. 이것은 여러분의 선택에 달려 있다." (한 변호사의 고백과 증언)

2. 인권과 저작권의 균형

인권변호사, 저작권변호사

변호사에 대한 사람들의 생각은 일반인에 대해 생각하는 것과 비슷하다. 보통 하나만 잘한다고 생각한다. 하지만 사람은 다양하고 변호사도 다양하다. 변호사가 되는 길도, 변호사로 활동하는 방법도 다양하다. 개인 변호사도 여러 가지 가능성을 가지고 있고 여러 전문 분야를 가지고 있다.

선생의 경우 다양성이 너무 넓고 깊어서 쉽게 헤아리기 어렵다. 변호사의 전문 분야가 여러 가지라고 할 수 있지만, 선생의 전문 분야는 인권, 기본권, 법치주의, 자유권, 언론의 자유, 정치범 문제, 반공법, 국가보안법, 정치평론, 필화사건 등 헤아리기 어렵다.

이 중 변호사인 선생을 대표하는 전문 분야는 인권과 저작권이다. 인권과 저작권은 얼핏 보면 잘 어울리지 않는다. 하지만 전문 분야를 찾는 변호사로서는 충분히 있을 수 있는 선택이다. 어렵게 공통점을 찾을 필요는 없다. 인생의 선택은 모두 합리적으로 설명되지 않는 법이다. 굳이 공통점을 찾는다면 인권과 저작권이 법 분야 중에서 보편적이고 국제적이라는 점일 것이다. 선생에게 중요한 것은 두 대표 분야에서 최고의 수준에 도달했다는 것이다. 역시 '세상의 끝' 가까이 도달한 것이다.

선생의 인권에 대한 안목은 한국 인권운동을 선도하는 수준이다. 선생의 인권의식은 1972년 국제앰네스티 한국위원회를 창립하고 이사와 전무이사를 담당할 정도로 높다. 선생의 인권의식은 변호 활동과 투쟁이 진행될수록 더욱 깊어졌다. 인권의식의 발전은 중단 없이 2010년대 중반에도 계속 발전한다. 선생은 2011년과 2013년 특강에서 한국의 인권 발전을 위한 부문별 과제를 정리한 바 있다. 부문별 과제는 지금 읽어도 여전히 유효할 정도로 구체적이고 생생하다. 참으로 쉼 없는 발전이다.

입법권을 갖는 국회가 집권자의 간섭으로부터 자유롭게 기능을 다해야 한다. 입법부의 구성원들이 헌법상의 기본권 제한 사유인 국가의 안전보장, 질서유지, 공공복리를 구실 삼아 반인권적 법률을 제정해서는 안 된다. 다수당의 머릿수만 앞세운 일방적 강행이나 날치기 또한 마찬가지다.

검찰은 '공익의 대표자'답게 국민의 인권을 존중하는 국가기관으로 거듭나야 한다. 검찰권의 독립은 차치하고 정치적 중립조차 외면한 채 집권세력의 이해와 필요에 추종하는 듯한 검찰권 행사는 더욱이나 국민을 실망시켰다.

인권보장의 마지막 보루라고 불리는 사법부는 과거의 부끄러운 허물에 대해서 겸허한 성찰을 하는 마음이 법관들에게 있어야 한다. 재판에서 흔히 말하는 '개전의 정'은 단하의 피고인에게만 요구되는 것이 아니라 단상의 법관들에게 더욱 절실히 요구되는 덕목이다. 사법부 밖에서의 '외풍' 못지않게 법원 안에서의 '내풍'을 경계하지 않으면 안 된다.

헌법재판소는 입법부나 행정부에 의한 위헌적 반인권적 처사를 과감하게 바로잡아야 한다.

국가인권위원회가 제 소임을 다하지 못한 채 국내외의 비판에 직면하고 있는 현실은 매우 안타깝다. 위원장과 위원은 인권에 관하여 전문성을 갖추고 반인권적 요소를 척결할 소신을 가진 사람을 임명해야 한다.

지금은 자유권적 기본권뿐 아니라 사회권적 기본권이 새로운 보호 대상으로 중시되는 시대다. 생존권, 노동권 등 사회적 약자가 국가에 대하여 실질적인 자유와 평등의 보장을 요구할 수 있는 권리는 20세기에 들어서 주목받는 국민의 중요한 기본권이다.
  자칫 소홀해지기 쉬운 분야의 인권에도 눈을 돌려야 한다. 외국인, 재소자, 군인, 미혼모, 범죄피해자, 장애인, 소비자, 개인정보 등의 인권과 환경권, 행복추구권, 프라이버시 등이 보호·구현될 수 있도록 제도와 그 운영이 획기적으로 진전되어야 한다. 민간 인권단체 또한 포괄적 인권뿐 아니라 각 분야별 인권 영역에서 계몽·감시·조사·분석·대안제시·시정요구 등에 전문성을 높여 나감으로써 정부와 기업에 이은 제3섹터로서의 책무를 다해야 한다. (한국의 법치주의를 검증한다. 인간의 존엄과 법치주의, 2011, 77세)

  인권은 참으로 다양하고 복잡하다. 인권의 왕국은 현대 사회의 거의 모든 쟁점을 자신의 영역으로 끌어들인다. 현실에서는 사람을 귀중하게 여기지 않는 경향이 강해지고 있다. 그만큼 그에 대한 반발이기도 하지만 규범적·이념적으로는 사람을 귀하게 여기는 목소리가 높아지고 있다.

또한 법률은 세상의 모든 것을 지배하려고 하는데 인권법도 예외가 아니다. 법률은 진공을 싫어한다. 요즘에는 개인이 가지는 사적인 이해관계까지 인권으로 해석되는 경우도 있다. 개인과 집단의 이해관계를 인권으로 해석하되 순전히 사적인 이해관계는 인권에서 배제하는 이론적 탐구가 필요한 시점이다.

인권법의 발전은 국가에게 인권보장의무와 인권발전의무를 부담시킨다. 과거에는 국가에게 여유가 있을 때 인권보장의무와 인권발전의무를 부여했으나 지금은 그렇지 않다. 국가에게 우선적으로 인권을 보장하고 발전시킬 것을 요구한다. 국가에게 인권보장의무와 인권발전의무를 부담시키려면 구체적으로 무엇을 하지 않고 무엇을 해야 하는지를 제안하고 설득해야 한다. 특히 새롭게 등장하는 인권을 국가와 공동체가 이해하고 받아들이는 것은 매우 중요하다. 이런 면에서도 인권에 대한 깊은 이해가 필요하다.

인권 발전을 위한 요청은 다양하고 포괄적이다. 인권법을 이론적으로 계속 추적, 발전시키고 실무적으로 인권을 현장에서 찾아내고 지켜내고 증진시키는 것은 쉬운 일이 아니다. 인권은 단순히 관심을 갖는다고 하여 현장에서 보장되는 것이 아니다. 이런 의미에서 인권법에 대한 엄정한 이해와 부단한 학습이 필요하다. 선생의 행보에서 그 일단을 확인할 수 있다.

정치범에 대한 안목

선생의 인권의식 중에서 특히 주목하고 싶은 부분은 정치범에 대한 인식이다. 선생의 정치범에 대한 분석은 최고 수준이 아닐까 싶다.

선생은 우선 정치범을 '절대적(객관적) 정치범'과 '상대적(주관적) 정치범'으로 분류한다. 죄목이 내란·외환 등 정치적 범죄를 저질렀는가 아니면 정치적 목적을 위하여 일반 범죄를 저질렀는가에 따라 분류한다. '조작정치범'이라는 용어도 사용한다. '확신범인 정치범'과 '확신범 아닌 정치범'이라는 분류 방법도 있다.

정치범을 이렇게 자세하게 분석한 방법론은 참으로 날카롭다. 정치범 중 확신범이라는 명칭은 독일의 법철학자이며 형법학자인 라드브루흐가 정립한 개념이라는 것도 선생은 이미 1974년 〈정치범과 정치현실〉이라는 글에서 설명하고 있다. (한국의 법치주의를 검증한다, 인간의 존엄과 법치주의)

정치범의 발생 원인을 법내재적 정의와 법초월적 정의의 충돌에서 찾는 설명은 철학적 통찰이 없다면 불가능한 접근이다. 두 번째 정치범의 발생 원인은 정치권력이다.

정치범죄가 생겨나는 또 하나의 원인은 정치권력을 쥐고 있는 정부가 '자기의 증오하는 사상'에 대하여 완전한 자유를 인정하지 않는 데도 있다. 반대의사의 포용을 꺼려하고 반대세력을 제거·약화시키기 위하여 앞서 말한 확신범적 정치범과 관계없는 또 다른 유형의 정치범을 만들어 내는 수도 있다. (한국의 법치주의를 검증한다, 인간의 존엄과 법치주의)

한 나라의 정치조직과 정치현실이 자유의 원칙에 입각하는 정도가 강하면 정치범은 그만큼 상대적으로 줄어들거나 박해를 덜 받는다는 선생의 통찰은 지금도 여전히 새겨야 할 내용이다. 군부독재와 분단시대, 민주화를 경험한 우리로서는 선생의 통찰이 직접 구현되는 것을 목격했다.

언론과 표현의 자유

선생의 탁월한 인권의식을 보여 주는 또 다른 사례는 언론과 표현의 자유 분야다. 문학가인 선생이 이 분야에 관심을 갖는 것은 당연한 일처럼 보인다. 선생의 수준은 일반 법률가의 수준보다 한참 높다. 언론과 표현의 자유에 대하여 인권이라는 측면에서 접근하고 있다는 점, 언론 통제장치에 대해 구체적이고 정교하게 분석하고 있다는 점에서 높은 수준을 보여 준다. 언론의 자유에 관한 글로는 1988년(54세)에 쓴 〈언론형사법의 제문제〉가 있다.

언론의 자유는 그것이 민주주의의 기본질서 자체를 파괴하지 않는 한 엄연한 기본권 행사로서 존중되어야 한다. 언론 관계 형사법도 토론 아닌 '토벌'에 편리하도록 만들어져서 바른 언론을 추구하는 사람은 '범인'이 되거나 그럴 위험에 직면하도록 하는 법적인 장치가 마련되었다. 정기 간행물의 등록에 관한 법률과 방송관계법이 큰 매체수단, 즉 하드웨어적인 언론 관계법이라면 구체적인 언론 내용을 문제 삼는 형사법의 조항은 소프트웨어적인 성격을 띤다. 여기서는 형법상의 국가모독죄, 집회 및 시위에 관한 법률, 국가보안법, 경범죄처벌법 중 유언비어날조·유포죄 등에 관해서 검토를 가해 보고자 한다.
(한국의 법치주의를 검증한다, 언론형사법의 제문제)

이 글에서 선생은 구체적인 분석을 통해 국가모독죄는 "국가기관에 대한 모욕, 비방, 사실왜곡 기타의 방법으로 대한민국의 안전·이익 또는 위신을 해하거나 해할 우려가 있게 한 때" 처벌하는 범죄로서 "그야말로 국가모독적인 법조문"이라고 주장했다. 선생은 나아가 집회 및 시위에 관한 법률 중 집회 및 시위의 보호를 표방한 입법 목적에 어긋나는 조항의 대폭 개정, 국가보안법의 폐지, 경범죄처벌법 중 유언비어날조·유포죄의 삭제를 주장했다. 유언비어날조·유포죄는 "국가나 사회의 안녕

질서를 해치거나 사회를 불안하게 할 우려가 있는 사실을 거짓
으로 꾸며 퍼뜨리는 행위"를 말한다.

선생의 주장은 정확했고 핵심을 관통했다. 선생이 지적한
법률 중 국가모독죄와 경범죄처벌법 중 유언비어날조·유포죄
는 1988년 삭제·폐지되었다. 민주화가 되자마자 폐지되었다. 집
회 및 시위에 관한 법률은 대폭 개정되었고, 국가보안법은 폐지
되지는 않았지만 일부 개정되었다. 선생에게는 법률의 미비점을
보는 눈만이 아니라 법률의 운명을 미리 내다보는 인권에 대한
통찰지가 있었다.

넓어지는 관심

선생의 인권에 대한 관심은 점점 확대되어 왔다. 인권이 발
전하는 정도에 따라 선생의 인권의식도 발전했다. 세상의 변화
에 따라 유연하게 발전하는 선생의 모습을 여기에서도 확인할
수 있다. 사람은 변화하는 존재로 자아라고 집착할 만한 것이
없다. 인간의 육체는 물질로 이루어져 있고 물질은 찰나적인 존
재일 뿐이다. 마음은 물질보다 더 빨리 생겨나고 없어진다. 변화
를 인정하고 변화에 순응할 때 스스로도 변할 수 있고 더 높은
존재가 된다. 선생의 발전하는 인권의식은 인권이 다양한 만큼
다양하다. 대표적으로 한일 과거사 정리 문제에 대해 살펴보자.

태평양전쟁이 끝난 지 반세기가 되어 가는 오늘날까지도 일본 정부는 원폭피해자 문제, 징용자, 정신대 문제 등에 대해 아무런 책임도 이행하려고 하지 않는다. 한국과의 관계는 1965년의 한일기본조약 및 그와 동시에 체결된 '한일청구권 및 경제협력협정'에 의해서 법적으로 완결되었노라고 주장한다.

그러나 국가 간 조약에 의하여 그 국민의 청구권까지 아주 소멸시킬 수 있는 것은 아니고 다만 자국민의 재산청구권에 대해서 상대국에 외교보호권을 포기한다는 약속을 한 것으로 해석하는 견해도 유력하다. 또한 협정 당시의 일괄타결에서 애초에 제외되었던 권리에 대해서는 국가 간에도 재론이 가능할 뿐 아니라 최소한 가해국 정부를 상대로 피해자 개인이 소송상의 청구를 할 수 있는 것으로 보는 의견이 지배적이다. (역사의 길목에서, 일본 정부의 이율배반, 1992, 58세)

한일 간의 과거사 정리 문제에 대해서도 선생이 일찌감치 관심을 가져왔던 것을 확인할 수 있다. 선생의 주장은 최근 한국의 대법원 판결을 통하여 확인되고 있다. 여전히 한일 간에는 정리되지 않은 과거사가 남아 있고 그 과거사는 한국과 일본 모두를 짓누르고 있다. 한일 과거사는 한일 민중을 모두 짓누르지만 특히 한국의 피해자들을 괴롭히고 있다. 피해자들의 억울함과 한을 풀지 않고는 한일 과거사 정리는 되지 않을 것이다.

한일 과거사는 인권이라는 관점에서 풀어야 한다. 피해자의 인권이라는 관점이 없다면 한일 과거사는 정부 간의 조약 문제, 이해관계 조정 문제가 되어 버린다. 정부 사이에 다루어도 좋고 다루지 않아도 어쩔 수 없는 문제가 되어 버린다. 그렇지만 피해자의 인권 문제가 핵심이라면 양국 정부는 반드시 이 문제를 풀어야 한다. 피해자의 한을 풀면서 한일 관계를 발전시키는 두 가지 과제를 함께 풀어야 한다. 한편으로는 과거 문제는 청산하고 다른 한편으로는 미래를 공동으로 설계하는 공동의 과제가 된다. 한일 관계 발전을 위해서도 한일 과거사 문제는 인권의 관점에서 해결되어야 한다. 인권이라는 보편적인 가치에 기초하지 않으면 한일 과거사 문제를 해결할 방법도 없다.

선생은 1993년 한겨레신문의 칼럼 〈그 할머니들의 한과 삶〉에서 당사자들의 처지를 생각할 것과 국민들의 관심을 당부했다. 선생의 인권에 기반한 따뜻한 마음을 알 수 있는 대목이다.

인권변호사의 또 다른 전문 분야, 저작권

선생의 저작권에 대한 애정은 각별하다. 다음 일화는 저작권에 대한 사랑을 보여 주는 대표적인 사례다. 인생에 몇 번 찾아오지 않는 소중한 기회를 저작권 공부에 할애했다.

1985년(51세) 가을, 제네바 세계교회협의회(WCC) 아시아국장 박경서 박사로부터 반가운 소식이 날아왔다. 그는 크리스챤아카데미 부원장으로 일하면서 업적과 고생이 아울러 많았는데 내가 아카데미의 여러 모임과 활동에 참여하면서 서로 절친해진 사이였다. 박 박사는 WCC 지원 프로그램을 알려 주면서 내 의향을 묻기에 두말없이 저작권의 국제적 흐름을 알기 위하여 국제기구와 여러 선진국을 방문하고 싶다고 했다. 이처럼 박 박사의 배려로 나의 '세계저작권기행'은 성사되었다. 나의 세계 저작권 나들이는 한 달 동안 선진국 몇 나라를 돌면서 저작권 관련 국제기구·유관단체·정부기관 등을 찾아가 관계자들을 만나고 자료를 모으는 일이었다. (한 변호사의 고백과 증언)

선생의 저작권 공부는 특이한 곳에서 시작되었다. 1975년 〈어떤 조사(弔辭)〉 필화사건으로 구속된 이후 감옥에서 시작되었다. 당시 선생은 성경을 열심히 읽었고, 저작권 공부를 집중적으로 했다. 저작권 분야를 공부하게 된 데는 이어령 교수의 권고가 있었다고 한다.

이 교수는 선생에게 "머지않아 지식 중심의 시대가 오면 저작권 문제가 크게 부각될 테고 그 분야의 공부를 해 두면 나라에도 크게 이바지하게 될 것"(한 변호사의 고백과 증언)이라고 했다.

선생도 같은 예상을 했다고 한다. 역시 사람은 좋은 친구를 만나야 하는 법이다. 이렇게 한국 저작권 1세대 전문가는 탄생했다. 외국 유학도, 대학 정규 과정도 아니고 감옥에서 독학으로 전문가가 탄생했다.

선생의 저작권 기행의 시작은 1986년 1월 10일(52세)이었고, 장소는 스위스 제네바에 있는 WIPO(세계지적재산권기구)였다. 끝은 2월 1일, 미국 워싱턴의 미국출판협회였다. 20일 동안 유럽과 미국을 모두 돌아보는 알차지만 힘겨운 일정이었다. 선생은 중간에 너무 피곤하여 약속을 하루 미루기도 했다. 선생이 저작권 선진국들에서 벌였던 대화와 논쟁의 대강은 다음과 같다. 개인 자격이지만 국가를 대표하여 저작권 문제를 해결할 정도의 실력을 보였다. 선생의 저작권 기행은 같은 해 독일과 일본으로 이어졌다.

■ 제네바 WIPO(세계지적재산권기구) : 저작권 국장 피서 박사. 저작권의 원론적인 이야기부터 최근의 폐쇄회로, 통신위성, 포르노 복사에 따른 저작권 상황. 한국의 저작권 국제조약 가입 문제

- **독일 프랑크푸르트 독일서적협회** : 뮐러 변호사. 녹음 녹화기기 제조업자에 대한 부과금제도 및 집중관리제도의 운영실태, 저작권 행정기구 현황

- **이탈리아 로마 총리실 공보· 저작권·출판국** : 한국의 저작권 국제조약 가입 문제

- **유네스코(세계저작권조약 관리)** : 바삭 국장과 아므리 보좌관. 세계저작권조약 개도국 조항의 실효성 여부, 조약상 보호의 소급적용 문제

- **영국 런던 영국출판협회 도서개발부** : 테일러. 한국 내 법개정 논의. 영국 정부 저작권 행정기구와 저작권법에 관한 권위 있는 저서들. 영국에서 공부할 의향을 물어왔으나 사양함.

- **런던 Sweet&Maxwell 출판사** : 존스 사장. 영국의 저작권 연구기관 소개. 저작권 조약 가입하기 전에도 외국인 권리자와 계약을 맺고 출판하는 관행 필요성

- **미국 워싱턴 미국국회도서관 판권국** : 마이어 변호사. 한미 간의 저작권 분쟁, 소급보호 문제, 개도국 조항의 실효성 문제

- **미국출판협회** : 리셔 여사, 스미스 변호사. 지적재산권연합을 결성하게 된 경위와 활동 개요, 한국 측에 대한 희망, 한국 출협 대표와의 협의 내용 (피고인이 된 변호사. 구미저작권기행)

미국 국회도서관 저작권국에서 관계자들을 만난 한승헌 변호사

유네스코 저작권부를 방문한 한승헌 변호사

꾸준한 저작권 활동

선생은 1976년 12월 저작권 발전을 위해 '한국저작권연구소'를 설립하고 소장으로 취임했다. 그렇게 오래가지는 않았지만 한국의 저작권 수준을 높이기 위해 자발적으로 연구소를 설립한 것은 참으로 놀라운 결단이다. 이런 경우 사람들은 대부분 자발적인 연구소 설립보다는 국가나 학교에 연구소 설립을 요구하는 것에 그친다. 국가나 학교에 대한 요구만으로도 개인으로서는 충분하다고 볼 수 있다. 하지만 선생은 연구소를 직접 설립했다. 스스로 연구소를 설립하는 것은 국가나 학교에 대한 요구보다 훨씬 높은 경지다.

선생은 1985년부터 중앙대학교 신문방송대학원(출판·잡지 전공)에서 저작권법 강의를 시작했다. 강의는 서강대학교 언론대학원, 연세대학교 법무대학원 강의로 이어졌다. 1990년 7월에는 저작권심의조정위원회 위원으로 재임했다. 저작권 질서의 확립과 분쟁조정에 일조한 것을 매우 보람 있게 생각하고 있다.

선생의 저작권 관련 전문저서로는 《저작권의 법제와 실무》(삼민사, 1988, 54세), 《정보화시대의 저작권》(나남, 1992, 58세)이 있다. 이 점은 높이 평가되어야 한다. 대학교수들도 전공서적을 많이 내지 않는 것이 현실이다. 전공과 관련한 현실의 문제에 대해 깊이 있는 이론을 전개하는 저서를 내는 것은 드물다. 가벼운 신변 이야기나 트렌드를 다루는 것이 오히려 멋진 것으로 간주되는 경향이 있다. 이런 현실에서 선생의 저작권에 대한 깊은 천착은 더욱 돋보인다. 선생의 저작권에 대한 사랑은 저작권에 관한 문제점 지적과 극복과제 제시로 이어진다. 다음은 선생이 정리한 과제들이다. 지금도 여전히 유효한 문제의식이다.

① 지적재산권의 보호와 정보의 공유, 즉 사권과 공익 사이의 조화를 추구하는 거시적 논의가 요청된다.
② '지적(知的)'보다 '재산권' 쪽에 집착하는 미국 등 강대국의 정보패권주의에 대응하는 깊이 있는 연구가 있어야 한다.
③ 새로운 저작권 상황을 감당할 만한 전향적 입법이 이루어져야 한다.
④ 저작권 관계자들뿐 아니라 일반인들의 저작권 인식과 계약 마인드가 좀 더 투철해야 한다.
⑤ 적법한 이용허락을 받는 어려움, 그 밖에 당사자의 번거로움 등을 고려하여 저작권 집중관리제도의 확충 등 새로운 권리처리시스템이 개발·정착되어야 한다.
⑥ 정보화혁명으로 기업이나 조직에서 퇴직당하는 사람들의 생활과 능력 활용을 위한 정책적 배려가 따라야 한다.
⑦ 복면의 정보발신자들에 의한 무책임한 명예훼손, 프라이

버시 침해 등 인터넷상의 음해행위를 방지할 수 있는 기술
적·법률적 방안이 절실히 요망된다.

⑧ '만인의 정보공유화'라는 양지의 뒤편에는 정보의 접근·활
용의 기회와 능력에서 불평등을 겪는 사람들이 존재한다.
이 양자 간의 '정보의 격차'를 해소하는 정책적 배려도 중요
하다.

⑨ 예전에 비해 적은 자본으로 쉽게 시작할 수도 있는 정보지
식산업의 건전화를 기할 수 있는 기업지도, 교육, 훈련 등
이 상시적으로 행해졌으면 좋겠다. (역사의 길목에서, 저작권
환경의 변화와 지식산업, 2002, 68세)

3. 법률과 문학의 균형

법률가의 법치주의 사랑

선생이 법률가이면서 문학인임은 모든 사람이 잘 안다. 법률가와 문학인이라는 지위는 선생을 필화사건 변호로 이끌었다. 필화사건 변호는 분단시대 법정의 피고인들 변호로 이끌었다. 분단시대 피고인들과 함께하면서 선생은 민주화투쟁에 헌신했다. 이 모든 과정의 출발과 끝에는 법치주의가 있었다.

법치주의가 제대로 서면 표현의 자유도 인정될 것이고 어처구니없는 필화사건도 없을 것이라 확신했다. 법치주의가 확립되면 민주주의와 인권도 제대로 지켜질 것으로 보았다. 올바른 법치주의를 세우는 것은 법률가이면서 문학인인 선생에게 필수적인 요청이었다.

선생은 법치주의 발전을 위해 이론을 발전시켰고 실천했다. 법치주의를 위한 노력은 최근까지도 이어져 2018년(84세)《법치주의여, 어디로 가시나이까》의 출판으로 이어진다. 이 책은 선생의 강연, 강의, 인터뷰, 대담 등을 정리한 것이다. 그중에서 법치주의에 관한 내용을 집중적으로 다루고 있다. 이 책의 집필 동기에 대해 선생은 다음과 같이 말하고 있다. 선생의 법치주의에 대한 인식과 사랑을 확인할 수 있는 글이다.

저는 올해로 정확히 60년 동안을 법조인으로 살아오면서 이 나라의 법치주의의 명암을 최전방에서 체험해 왔습니다. 그러면서 적지 않은 발언도 하고 글도 써 왔지만, 그 밑천은 대부분 법조계의 야전군으로서 터득한 체험에서 나온 것들이었습니다. 거기에서 보고 듣고 체험한 한국의 법치주의는 상처투성이의 안쓰러움을 안겨 주었습니다. 요즘 말로 기울어진 '운동장'이자 청산되어야 할 '적폐'가 거기에도 있었습니다.

가장 큰 문제는 법치주의의 본질 내지 지향점에 대한 오해에 있습니다. 적어도 근대적 의미의 법치주의라면, 그것은 국민에 대한 치자의 하향적 준법 명령보다는 치자도 법의 제약을 받아야 한다는 상향적 견제를 본질로 하는 것입니다. 그런데도 이와 같은 상향성과 하향성이 뒤바뀌어 마땅히 선행되어야 할 치자

준법의 일탈은 제쳐놓고 피치자의 준법만 강요되는 전도현상을 드러냈습니다.

　이처럼 이 나라의 법치가 정의와 민주주의를 지향하는 정도를 상습적으로 벗어나는 현실을 보면서 우리 국민들은 "도대체 누구를 위한 법치주의인가?"라는 강한 의문과 부딪치게 되었습니다. (법치주의여, 어디로 가시나이까)

법치주의 확립 방안

　선생의 법치주의에 대한 생각이 집중적으로 정리된 글은 《법치주의여, 어디로 가시나이까》에 실린 〈한국의 법치주의, 이대로 좋은가〉(2014년, 80세, 고려대 제1회 사회인문포럼 주제 발표 요지)다. 이 글에서 선생은 법치주의에 대한 오해 또는 왜곡을 지적하고 한국의 정치풍토와 현실을 분석한 후 법치주의 확립 방안을 구체적으로 제안한다. 선생의 법치주의에 대한 인식을 알 수 있는 부분이면서 지금의 정치가와 법률가, 지식인과 시민들에게 주는 충고다.

　법치주의는 정치권력이 법의 근거와 절차에 따라서 제약을 받는 국가체제를 본질로 하는 것이지, 피치자의 준법에만 방점을 찍는 사상은 아니다.

'법의 지배(the rule of law)' 이론으로 유명한 다이시(Albert V. Dicey, 1835~1922, 영국)나 "법치국가는 국가권력에 대한 제한과 통제의 원리로서 시민적 자유의 보장과 국가권력의 상대화 체계를 구성요소로 한다"고 한 칼 슈미트(Carl Schmitt, 1888~1985, 독일)의 견해는 이 점을 잘 요약해 주고 있다.

법치주의의 정당성은 법이라는 규범의 정당성을 전제로 한다. 이 명제를 충족시키기 위해서 법은 그 정립 과정의 절차적 정당성(형식적 법치주의)과 내용의 정당성(실질적 법치주의)을 아울러 갖추어야 한다.

한국의 집권자는 법치주의를 하향적 지배 수단으로 잘못 알고 있다. 헌정의 실상을 보면, 헌정의 중단 또는 파괴로 국체까지 무너진 아픔도 겪었으며, 독재정권 하에서는 형식적 법치조차도 유린되었다. 헌법과 헌법적 현실의 불일치와 아울러, 법내재적 정의가 법초월적 정의와 괴리되는 사례도 많았다. 견제되지 않는 권력의 발호로 법치가 훼손되는가 하면, 사법부에 대한 신뢰도 역시 그리 높은 편이 아니다. 대통령이 국정의 책임을 외면함으로써 '대통령무책임제'로 변질되었으며, 의회 다수당이 집권자에 종속됨으로써 권력분립의 기본이 흔들렸다. 기본권 제한의 명분을 악용한 위헌법률이 횡행하는가 하면, 법의 집행 적용에 대한 국민의 신뢰도가 매우 낮은 것이 현실이다.

선생의 법치주의에 대한 인식의 바탕에는 절차적 정의에 대한 인식이 깔려 있다. 절차적 정의는 법률의 제정 및 법률의 집행과정에서 모두 지켜져야 한다. 나아가 절차적 정의가 제대로 지켜지고 있는지 다른 국가기관이 감시하고 견제해야 한다. 선생은 절차적 정의의 필요성을 다음과 같이 말하고 있다.

한 나라의 큰 기틀에서 합헌성이 유린되고, '하면 된다'는 저돌정신이 판을 치는 곳에선 아무리 권력자가 준법을 외쳐대도 소용이 없다. '어떻게'의 문제, 즉 절차적 정의를 질식시킨 채 '하면 된다' 식의 힘의 논리만 내세우다 보면 또 다른 힘의 논리를 배격할 도덕적 근거를 상실하고 만다. (한국의 법치주의를 검증한다, 인간의 존엄과 법치주의, 2011, 77세)

이러한 인식을 바탕으로 선생은 집권자 내지 공직자, 국회, 행정부, 검찰, 정보기관, 사법부에 대해서 많은 개혁과제를 제시한다. 특히 사법부에 대해서는 법원의 좋은 친구로서 애정 어린 충고를 하고 있다. 최근에 문제가 되고 있는 과거사 정리와 관련해서는 "독재권력에 휘둘렸던 치욕스런 과거를 재연하지 말아야 하며, 사법권의 독립이 법관 스스로의 노력보다는 국민의 투쟁과 수난 위에서 쟁취된 사실을 명심"해야 한다고 충고한다.

사법부의 독립에 대해서는 "권력 무간섭의 반사적 현상과 사법권 독립의 수호와의 차이를 분간"해야 한다는 점, "외부의 간섭이나 영향 등 외풍을 차단해야 함은 물론, 법원 내부의 간섭이나 청탁, 영향력 등 내풍과 전관예우의 관행도 배제"해야 한다는 점을 강조한다. 특히 선생은 사법부의 독립이 사법부의 피해자들인 분단시대의 피고인들에 의해 쟁취된 것이지 법관들의 노력으로 이루어진 것이 아니라는 점을 강조한다.

　　1987년의 6월항쟁을 겪고 난 뒤부터 사법부에 대한 공권력의 간섭은 적어도 표면상으로는 별로 드러나지 않은 채 재판권의 독립은 그런대로 큰 물의에 휘말리지 않는 것으로 보였다. 그러나 그런 변화는 법관들이 '죄인'이라고 감옥에 보낸 피고인들의 싸움과 수난에 힘입어 얻어진 결과여서 매우 역설적이고 민망한 일면이 있었다. 이처럼 사법부 또는 법관들 자신의 힘으로 쟁취한 사법권의 독립이 아니었기 때문인지, 소위 공안사건을 비롯한 시국사건에서는 여전히 정권 편향적인 판결이 나오기도 하였다. 간섭이 없어도 영합적인 경향을 보이는 체질은 잠재적인 오판의 위험요인의 하나임에 틀림없다. (법치주의여, 어디로 가시나이까, 한국의 법치주의, 이대로 좋은가)

이 글은 최근 사법부의 독립을 이유로 정치인과 시민의 비판과 충고를 종종 무시하는 사법부가 새겨들어야 하는 말이다. 정치인과 시민들이 자유롭게 토론하고 견제할 수 있는 사법행정권도 사법부 독점으로 해석하는 최근 사법부의 태도는 매우 위험하다. 마치 이전부터 사법부의 독립이 있었다거나 사법부의 독립은 우리가 쟁취했으니 너희들은 입 다물고 있으라는 태도는 좋은 자세가 아니다.

법원의 다양성에 대해서는 "대법원의 구성이 특정의 경력, 학벌, 성향, 지역 등에 편향되지 않고 다원화되어야" 한다고 지적한다. "정치의 사법화(judicialization of politics)가 사법의 정치화로 감염되지 않도록 분별력을 갖춰야" 하며, 대법원 개혁에 대해서는 "대법관의 증원에 인색해서는 안 된다"고 충고하고 있다. "전관예우의 폐습을 없애야" 한다고도 충고한다. 지금의 법원의 문제점을 날카롭게 인식하고 있음을 잘 알 수 있다. 현장에서 활동하는 실무가들에게는 선생이 제시한 원칙에 기초한 구체적인 해결방안 모색이 필요하다.

검찰개혁과 쇄신

법치주의를 생각할 때 검찰개혁을 빼놓을 수 없다. 수사권과 기소권을 모두 가졌던 검찰은 한국의 형사절차를 지배했다.

법관들까지도 지배했다. 특히 정찰제 판결로 유명한 시국사건에서 법관은 공안부 검사의 공소장을 그대로 판결문에 옮겼다. 어떤 때는 오타까지 베꼈다.

검찰이 형사절차를 지배하는 현실을 본 정치권력은 검찰을 장악했다. 정치권력의 장악으로 검찰은 정치검찰이 되었다. 그렇다고 검찰이 일방적인 피해자는 아니다. 검찰은 정치권력과 협조하면서 스스로 정치권력이 되었다. 정치권력이 민주화되자 이제 검찰 스스로 하나의 정치세력이 되었다. 검찰개혁이 주장되는 이유는 여기에 있다.

검찰개혁은 법치주의 확립의 일부다. 사법개혁의 부분이면서 독자적인 개혁과제다. 선생도 검찰개혁에 대해 깊은 인식을 가지고 있었다. 일부 극단론자들의 주장과는 달리 실무가로서의 균형감을 가지고 있다. 다음은 검찰개혁에 대한 선생의 생각이다. 검찰개혁에 대하여《문재인, 김인회의 검찰을 생각한다》를 쓴 나로서는 많은 참고가 되었던 생각이다.

검찰 수사를 무조건 정치적이라고 단정짓기는 어렵습니다. 다만 수사에 무리가 겹치다 보니 노 전 대통령과 그 주변 인물, 즉 소위 '죽은 권력'에 대한 부관참시 비슷한 느낌을 주었고, 그들에 대한 연민의 정도 생기고 수사의 공정성을 의심받게 되지 않았나 싶습니다. 반면에 살아 있는 권력에 대해서는 그와 대조적인 점이 연달아 보이니 형평성이 무너졌다고 보는 것이죠. 검찰이 보다 더 중립적이고 냉철해야 하는데 그러지 못해서 비난을 받는 것입니다. 특히 수사 내용을 심지어 피의자 신문 중에도 생중계하듯 피의사실은 물론 사건의 본질과 관계가 없는 내용들까지 발표하거나 흘리는 일은 반드시 시정되어야 합니다.

검찰은 지금 유례를 찾기 힘든 고비를 맞고 있다고 봅니다. 수사권과 소추권을 한손에 쥐고 있는 권력기관으로서 마땅히 지녀야 할 권위와 신뢰가 크게 손상당한 때문이죠. 검찰이 준사법기관이라기보다는 정치권력의 도구처럼 비치게 됐다는 점은 더 심각한 문제죠. 검찰이 정치권력의 뜻을 좇아 표적수사와 청부수사를 예사롭게 한다는 비난은 진작부터 공공연했는데 이번 일로 그런 인식이 더 굳어졌습니다.

이런 마당에 검찰이 '우리가 뭘 잘못했느냐', '이런저런 이유로 그럴 수밖에 없었다'는 식의 변명이나 받아치기로 대응해서는 안 됩니다. 이번 기회에 수십 년 묵은 검찰의 타성을 근본적으로 뜯어고쳐야 할 때라고 생각합니다. 검찰도 스스로 과감한 자기쇄신에 나서야 합니다. (한국의 법치주의를 검증한다, 사법부에 이의 있다-〈경향신문〉과의 대담, 2009, 75세)

법치주의를 위한 제도개혁

법치주의 발전은 이론만으로 되지 않는다. 실천이 따라야 한다. 실천은 두 가지로 나뉜다. 난세에는 투쟁으로, 치세에는 제도개혁으로 나뉜다. 선생은 난세에는 변호와 현장 투쟁으로 법치주의 발전에 애썼다. 치세에는 제도개혁에 힘을 쏟았다.

선생은 1993년 사법제도 개혁에 직접 참여했다. 김영삼 정부 당시 대법원은 '사법제도발전위원회'를 구성했다. 선생은 위원으로 참여했다. 대법원의 사법제도발전위원회는 1994년 2월 건의안을 채택하고 활동을 마쳤다.

사법제도발전위원회의 주요 건의 내용은 서울민사·형사지방법원의 통합, 특허법원과 행정법원 등 전문법원 설치, 시군법원과 고등법원 지부 설치, 예비판사제도 도입과 법관근무평정제도 도입, 법관인사위원회와 판사회의 설치 등 법원 및 판사 인사제도 개혁과 구속영장실질심사제도와 기소 전 보석제도 도입 등 재판제도의 개혁에 관한 것이다.

사법제도발전위원회는 역사상 처음으로 시도된 국가적 차원의 사법개혁이라는 특징 이외에도 최초로 법조계 외에 각계를 망라한 인사들이 참여하였고, 대법원이 발의한 내용을 여야 의원이 제안하는 의원입법 형식으로 법률개정을 했다는 특징이 있었다. 다만 법원 내부의 개혁에 중점을 두었을 뿐 사법 전반의 개혁에는 이르지 못한 한계가 있었다.

사법제도발전위원회의 개혁 성과 중 가장 눈에 띄는 부분은 구속영장실질심사제도 도입이다. 이 제도의 도입으로 구속심사는 신중해졌다. 그전에는 서류만으로 구속심사가 이루어졌다. 그 결과 구속에 대한 법원의 통제는 느슨했고 구속자 수는 항상 과다했다. 한국 사법개혁 역사에서 가장 중요한 쟁점은 과도한 구속자 수였다. 구속영장실질심사제로 구속 여부를 통제할 수 있는 제도적 수단을 가지게 되었다.

구속영장실질심사제는 김대중·노무현 민주정부의 등장을 배경으로 실제 구속 여부를 통제하는 주요한 통로가 되었다. 그 결과 구속자 수는 급격히 줄어들었다. 1995년경에는 한 해에 14만여 명이 구속되었으나 지금은 한 해에 3만여 명 정도가 구속되고 있다. 인권이라는 측면에서는 큰 발전이다.

사법개혁의 종합판, 사법제도개혁추진위원회

선생의 1993년 사법제도발전위원회 경험은 더 크게 2005년의 '사법제도개혁추진위원회' 활동으로 이어진다. 사법제도개혁추진위원회에서 선생은 공동위원장으로 위원회를 이끌었다.

사법제도개혁추진위원회는 2005년 1월 1일 설립되었다. 국무총리와 국무총리급 민간인을 공동위원장으로 하고, 관계 부처

장관과 민간위원 총 20명으로 구성되었다. 그리고 위원회에 상정할 안건을 사전에 검토· 조정할 차관급 실무위원회를 두고, 위원회의 사무처리와 조사연구 업무를 담당할 기획추진단을 별도로 두었다.

사법제도개혁추진위원회는 과거 사법개혁의 성과를 바탕으로 선진 사법시스템을 구축하는 역할을 담당했다. 한국의 사법개혁 역사상 가장 큰 기구였고 가장 많은 과제를 다루었다. 위원회는 노무현 정부를 대표하는 개혁위원회로서 다섯 가지 특징이 있었다.

첫째, 사법개혁 추진이 행정부와 사법부 등 범정부적 차원의 협조 하에 이루어졌다.

둘째, 사법개혁의 기본방향 설정과 구체적 추진이 밀접히 연계되어 있었다. 사법개혁의 기본방향은 2003년 대법원 산하 '사법개혁위원회'에서 이루어졌다. 구체적 추진은 대통령 산하 사법제도개혁추진위원회에서 이루어졌다.

셋째, 사법개혁 추진 과정에서 다양한 의견이 민주적 과정을 통하여 수렴되었다.

넷째, 사법개혁을 위한 전문적인 실무인력을 충실하게 확보했다. 장관급의 본 위원회 이외에 사전 의견 조정 및 실무적 논의를 하는 차관급 실무위원회와 구체적인 실무작업을 담당하는 기획추진단을 두었다. 나는 기획추진단 구성원이었다가 나중에 기획추진단장인 김선수 변호사(현재 대법관)를 보좌하는 기획추진단 간사로 활동했다. 이 과정에서 당연히 위원장이었던 선생을 모시는 역할도 했다.

다섯째, 사법체계를 전반적으로 재정립하기 위한 의제가 선정되었다. 법학전문대학원(로스쿨) 도입, 법조일원화 채택, 한국형 배심제인 국민의 형사재판 참여제도 도입, 공판중심주의 등 형사소송절차 개혁, 군사법 제도 개혁, 고등법원 상고부 제도 도입, 법조 윤리 확립, 재판기록 및 판결문 공개 확대 등 당시에 제안되었던 사법개혁 과제들이 모두 포함되어 있었다. 가까운 미래에 대두될 중요 쟁점도 포함되어 있었다. 이후 사법개혁은 사법제도개혁추진위원회에서 선정한 주제에서 크게 벗어나지 않았다.

사법제도개혁추진위원회의 주제와 활동이 광범위함에 따라 공동위원장이었던 선생도 힘을 기울이지 않을 수 없었다. 사법제도개혁추진위원회는 2년 동안 본 위원회 14회, 실무위원회 16회, 기획추진단 회의 469회, 외부전문가 초청토론회 46회, 연구회 33회, 공청회 7회, 네 번에 걸친 국민참여 형사모의재판, 각종 여론조사 등을 실시했다. 선생은 비상근이었지만 거의 매일 출근하여 개혁 진행 과정을 점검했다.

한 번은 어느 TV방송에서 진행자와 나 사이에 이런 말이 오
간 일도 있었다.

문 : 사개추위 위원장은 상근인가요?

답 : 규정상으론 비상근인데 상근을 하게 되어 제가 규정
　　을 어긴 셈입니다.

문 : 사법개혁을 책임지는 위원장께서 규정을 어기면 됩니까?

답 : 죄송합니다. 반성하고 있습니다. (한 변호사의 고백과 증언)

선생은 사법제도개혁추진위원회가 어려움에 처했을 때 위기
극복의 중심이었다. 위원회 활동 초기에 형사소송법 개정과 관련
하여 검찰과 갈등이 생겼을 때 최종적으로 갈등을 해결하는 어
른의 풍모를 보이셨다. 갈등이 발생했을 때 갈등을 무게감 있게
해결하는 원로, 어른이 부족한 현재, 선생의 활동은 더욱 빛이
난다. 선생은 다음과 같이 회고하고 있다.

지난 2년 동안의 사법제도개혁추진위원회 활동 경과를 회고
해 보면 결코 순조로웠던 것만은 아니었습니다. 논의 과정에서
격렬한 토론은 물론, 도저히 합의점을 찾지 못할 것 같은 의견
의 불일치도 있었습니다. 그러나 국민을 위한 미래지향적인 사
법개혁을 이루어야 한다는 정신을 살려 각 위원들이 대승적인

공판중심주의 확립을 위한 형사소송법 개정안 공청회

사법제도개혁추진위원회 위원장 취임 직후 민관위원들과 기념촬영을 한 한승헌 변호사(2005년 1월)

견지에서 논의에 임함으로써 25개의 사법개혁 법률안 성안이라는 귀중한 성과를 도출할 수 있었고, 서로의 이해와 타협의 산물이기에 더욱 소중하고 값진 것으로 생각합니다. (사법선진화를 위한 개혁, 사법제도개혁추진위원회 백서, 상, 2006, 72세)

선생은 사법제도개혁추진위원회 활동 과정에서 특히 홍보를 강조했다. 사법제도개혁추진위원회는 사법개혁의 내용과 진행 상황을 알리기 위해 18회에 걸쳐 언론간담회를 개최하고, 140여 회의 신문기고·방송출연과 함께 23번의 강연회를 개최했다. (사법제도개혁추진위원회 백서) 이를 두고 선생은 "위원장의 역할 중에 기자들을 만나고 원고 쓰고 방송에 나가는 일이 큰 비중을 차지하였고, 나는 회의장에서는 의장이지만 나오면 홍보담당(공보관)이었다"(한 변호사의 고백과 증언)고 회고했다.

입법 활동도 열심이었다. 사법제도개혁추진위원회 마지막까지 국회의원들을 설득했다. 하지만 성과는 좀처럼 나오지 않았다. 이때의 절망감을 유머를 섞어 다음과 같이 말했다.

기자들의 질문을 받고 나는 말했다. "이제 예측 가능성에 의존할 수는 없다. 차라리 앞으론 예측 불가능성에 기대를 걸겠다." 언젠가 상황이나 계산이 달라지면 거짓말처럼 허망하게

법안 통과가 될지도 모른다는 예감이 들었던 것이다. (한 변호사의 고백과 증언)

선생의 예상대로 개혁법안들은 예상하지 않았던 때 통과되었다. 공판중심주의 형사소송법과 국민의 형사재판참여에 관한 법률은 2007년 4월 통과되었다. 로스쿨법은 2007년 7월 3일 자정 3분 전 아슬아슬하게 타결되어 통과되었다. 한국 정치의 예측 불가능성이 낳은 성과라고 해야 하나 싶을 정도로 혼란스러운 정치상황이었다. 법률 통과는 늦었지만 사법개혁이라는 관점에서 보면 큰 성과였다. 한국의 법치주의가 한 단계 발전하는 순간이었다. 그리고 선생의 법치주의 사랑이 성과를 맺는 순간이기도 했다.

사법제도개혁추진위원회 활동이 끝난 이후 15년 정도가 흘렀다. 그동안 사법제도개혁추진위원회에서 실무를 담당했던 기획추진단원들은 꾸준히 모임을 계속하고 있다. 당시 서로 직역이 달라 대립과 갈등이 많았지만 모든 것은 시간이 지나면 마모되는 법이다. 대립과 갈등도 좋은 추억으로 남아 있다. 그리고 사법개혁에 관한 한 거의 모든 주제를 다루었고 절반 이상 성공시켰다는 자부심도 모임의 동력 중의 하나라고 생각된다.

모임의 가장 큰 동력은 역시 선생의 인품과 법치주의에 대한 애정이다. 코로나19 사태로 모임이 줄었지만 그전까지는 선생을 모시는 모임은 꾸준히 이어졌다. 여기에는 당시의 판사, 검사, 변호사 구분이 없다. 모두가 선생을 존경하고 있다. 두 번째 동력은 대법관이 된 김선수 당시 기획추진단장의 지도력이다. 세 번째 동력은 구성원 모두의 훌륭한 인품일 것이다. 좋은 지도자 밑에는 좋은 구성원이 있는 경우가 많다.

나도 모임에 제법 기여를 했다. 사법제도개혁추진위원회 활동 경험을 바탕으로 교수가 되었다. 교수가 된 이후 사법개혁과 한국의 미래에 관한 책을 꾸준히 내고 있는데 출판기념회 명목으로 사법제도개혁추진위원회 모임에 기여하고 있다. 책으로는 《문재인, 김인회의 검찰을 생각한다》, 《형사소송법》, 《시민의 광장으로 내려온 법정》, 《문제는 검찰이다》, 《정의가 희망인 이유》, 《정의의 미래―공정》, 《윤리의 미래―좋은 삶》, 《김인회의 사법개혁을 생각한다》, 《김인회의 경찰을 생각한다》 등이 있다. 거의 매해 책을 내어 출판기념회를 이유로 전체 모임 혹은 작은 모임을 계속하고 있다. 물론 다른 분들도 모임에 적극적이다. 선생과 함께하는 사법제도개혁추진위원회 모임은 항상 즐겁고 배울 것이 있다. 그리고 유머도 넘친다.

시인 한승헌

선생의 인생은 문학과 함께했다. 선생의 문학은 크게 세 가지로 외화되었다. 시, 수필, 평론이다. 선생의 문학 인생은 시로 시작되었다. 시가 없었다면 문학도 없었고, 문학이 없었다면 아마 분단시대의 법정에서 그렇게 오랫동안 활동할 수 없었을지도 모른다. 문학은 삶의 지탱하는 요소다. 이것은 마치 위 무제인 조조가 칼과 함께 붓을 들었던 것과 비슷하다.

선생의 수많은 책 중 시집이 가장 먼저다. 선생은 1961년(27세) 시화전을 열고 시집 《인간귀향》을, 2016년(82세) 시집 《하얀 목소리》를 냈다. 《하얀 목소리》는 "《인간귀향》(1961)과 《노숙》(1967)에서 추리고 그 후 여기저기 실었던 작품을 함께 묶어"(하얀 목소리, 시인의 말) 낸 것이다. 선생의 문학의 처음과 끝이 시라는 점은 선생의 시에 대한 사랑을 보여 준다.

선생은 전북일보와 전북대학교보(대학신문)에 습작시 한 편씩을 싣곤 했다. 시집을 내기 전에 벌써 시인이었다. 전북대신문에는 원고가 모자라면 응급조치를 취하느라 자작시 몇 편을 실었다고 한다. 이 시들에 대한 신석정 선생의 평이 인상적이다. 선생은 신석정 선생의 "고결하면서도 의로웠던 문학정신, 격조 높은 선비정신"을 이어받고 실천해야 한다고 강조한다.

소음난조에 찬 현대 병적 문명과 그 문명을 호흡하는 인간심리를 해부한 수법이 놀랍다. 현재 유행하는 모더니스트와는 근본적으로 그 유(類)가 다른 독특한 세계를 구축하였고, 저항의 밤이 깊어가는 속에서 강박과 위선이 스며든 해협에 늘어가는 나 아닌 나의 분신을 이 시인은 냉정히 응시하고 있다. 장래가 가장 촉망되는 이채이다. (그분을 생각한다, 《슬픈 목가》의 서정에 담긴 저항, 2019)

다른 한편, 선생에게 시는 "역사와 민중으로 다가서기 위한 정서적인 자기 내성이자 다짐이며 투지의 단련 과정"(문학평론가 임헌영, 젊은 변호사의 정신적 노숙시대-한승헌 시집에 부쳐, 하얀 목소리)이었다고 할 수 있다. 시는 또한 선생의 인생을 압축적으로 표현하는 하나의 방법이다. 선생은 《피고인이 된 변호사》(2013년)의 각 장 앞에 본인의 시를 인용했다. 그리고 이 책에서 자신의 인생을 이렇게 나누어 정리했다.

1. 산촌의 나무꾼, 힘겨웠던 학창시절
2. 법조인의 길, 검사-변호사-피고인-실업자
3. 감옥, 그 분노의 공간에서
4. 시민운동과 공직사회 안팎

한승헌 변호사의 시집 《노숙》 출판기념회(1967년)

5. 바깥 나들이의 비망록
6. 삶의 길목에서
7. 후반기의 자화상

선생은 이 책의 각 장 앞에 자신의 시를 〈염원〉이라는 이름
으로 인용하고 있다. 당시의 사정과 맞아떨어지는 시를 배치한
느낌이다. 이러한 시도는 동양의 전통을 반영한다. 시를 통한
시대와 자신의 심경 표현, 압축적이고 미적인 표현은 동양의 옛
사람들이 추구했던 것이다. 몇 개를 인용한다.

염원 1

우리의 발돋움으로는
잡히지 않는 하늘
그리움으로 하여
파열한
우리 목소리
당신만이 듣고 계신
우리 목소리
멀어질수록 가까이 들리는
갈망의 숨결로
우리 밀실을 채워 주십시오
무릎 꿇는 고해의 자리
그 벽 뒤에
항상 당신이 계심을 믿습니다.

- 〈파열음〉 중에서

염원 3

밀리고
쫓기어도
다시
제자리
모두들 거기 있었네

찢기며 넘어지며 소스라치며
끝내 버리지 못한
한 자락 믿음
우리는 그 안에서 타고 있었네
모두들 거기 있었네
제 자리 제 모습 생채기 속에
불꽃 되어 피어나는
깃발이었네.

　　　　　　　　　　　　　　　－ 〈실황〉 중에서

염원 7

그 많은 아우성과
상실을 남기고
너는 갔다

소리 없이 역류하던 분노의 해일(海溢)
그 진한 선혈로 하여
그 억센 뉘우침으로 하여
그 이루지 못한 기원으로 하여
아직도 우리에겐 내일이 있어야 한다

인간의 거리와 거리
다함없는 목숨의 노래
여기 얼룩지는 한에 젖으며
또 한 번 해가 바뀐다.

- 〈어느 제야(除夜)에〉 중에서

수필가 한승헌

문학평론가 임헌영은 1970년 선생이 시와 결별하고 산문으로 장르를 바꿔 활약하게 되었다고 평했다. 더 구체적으로는 이렇게 설명한다.

한승헌 시인은 장르만 바꾼 게 아니라 문학정신을 민주화와 통일을 향한 역사의식으로 무장했으며, 미학적인 기교에서도 전위주의적인 관념의 지적 모험에서 기지와 해학미 넘치는 산문작가로서의 리얼리즘에 충실하게 되었다. (하얀 목소리)

확실히 선생에게는 시가 아닌 산문, 즉 수필 작품이 많다. 그렇다고 시에 대한 애정이 식어서는 아니고 시작(詩作) 능력이 부족해서도 아닐 것이다. 다만 시대의 흐름 속에서 수필을 쓸 일이 더 많아졌기 때문일 것이다. 그래도 아쉬움이 남는다. 선생의 시는 수가 적다. 그래서 시에 관한 한 '세상의 끝' 가까이에 간 것이 아닌 듯한 느낌을 준다.

선생의 수필 사랑은 수필선집 발간에서도 확인할 수 있다. 선생은 2017년 《한승헌 수필선집》을 발간한다. 이 수필선집은 '한국수필선집'의 일부다. 한국수필선집은 '지식을 만드는 지식(출판사)'과 '한국문학평론가협회'가 공동으로 기획한 것이다.

한국문학평론가협회는 한국 근현대 수필을 대표하는 주요 수필가 50명을 엄선하여 권위를 인정받은 평론가를 엮은이와 해설자로 추천했다고 한다. 이 설명에 따르면 선생은 한국을 대표하는 수필가다. 선생의 수필에 대한 평은 장성규 문학평론가의 다음의 말로 요약된다.

> 한승헌은 법과 문학의 양쪽 영역에서 동시에 그 '어두운 시대'를 직시하고 저항했던 매우 드문 변호사이자 문인이다. 그는 중요한 필화사건의 현장에서 지배권력에 대한 표현의 자유를 변호했으며, 세속에 영합하지 않는 종교에 대한 근본적인 사유를 지속했다. 그의 수필은 변호사로서 추구한 정의의 언어와 문인으로서 추구한 인간의 본질에 대한 질문의 언어가 맞닿은 성과라는 점에서 여전히 그 가치를 지닐 것이다. (한승헌 수필선집)

선생의 수필은 정의와 법치주의, 인권과 민주주의 문제와 깊이 관련되어 있다. 가볍게 읽히지만 자신의 경험을 바탕으로 하기 때문에 대부분 깊이 생각하게 만든다. 선생의 수필 중 〈우문현답〉(한승헌 수필선집, 책과 인생, 2004, 70세)이 있다. 이때 인용하는 우문현답은 유머이지만 다른 한편 우리의 역사를 아프게 깨우친다. 현장은 《민중교육》지 사건(1985년)의 법정. 검사와 송기원

(실천문학 주간, 소설가) 피고인의 피고인 신문과정이었다.

　검사는 물었다.
　"피고인은 북한공산집단이 대남 적화통일을 목표로 하는 반(反)국가단체라는 사실을 알고 있지요?"
　자신이 '용공'이라는 공소사실을 적극 부인하는 피고인도 검사 신문 첫머리에 으레 나오는 이런 질문에는 거의 "예"라고 대답한다. 그런데 이 피고인은 "모른다"라고 단호히 말하는 것이 아닌가. 당혹스런 표정의 검사는 "아니, 북괴의 대남 전략도 모른단 말이오?"라고 언성을 높였다.
　피고인도 물러서지 않고 "북한 신문도 못 읽고, 방송도 못 듣는데 어떻게 북한의 대남전략을 알 수 있단 말입니까?"
　그러자 검사는 한 옥타브 낮춘 목소리로 "구체적인 것까지는 모르더라도 대략적인 건 알고 있을 것 아니오?"
　귀찮은 듯이 피고인이 "예"라고 하자 검사는 "아무것도 모른다면서 대략적인 것은 그럼 어떻게 알았지요?"라고 역습을 했다.
　한참 망설이던 피고인의 입에서 나온 말은 이러했다.
　"예비군 훈련 가서 들었습니다."

웃으면서도 제대로 웃을 수 없는 우리의 과거 역사가 그대로

담겨 있는 풍경이다. 선생의 수필에는 겉으로 나타나는 현상, 그 이면에 있는 본질, 그리고 그 너머에 있는 사람의 느낌과 감정이 있다. 선생의 수필은 가볍게 읽을 수 없다. 여러 번 읽어야 한다.

그렇다고 선생의 수필이 모두 무겁고 진지한 것만은 아니다. 개인적으로 가장 재미있게 읽은 수필은 〈실견기(失犬記)〉, 〈광고 사진〉, 〈웃음이 있는 법정〉이다. 선생의 수필은 예측할 수 없을 정도로 다양하다.

〈실견기(失犬記)〉(1977년, 43세)는 집에서 키우던 개를 잃어버린 일화를 적은 것이다. 잃어버린 강아지 이름은 깡순이, 해피, 쫑, 캐리, 테니, 큐피, 루비다. 어찌 개 이름이 과거의 향수를 확 불러일으킨다. 6, 70년대 개를 키운 사람들은 알 것이다. 해피나 쫑이 가장 흔한 개 이름이었다는 것을. 개를 잃어버린 이야기로 재미있는 수필을 쓴 실력이 놀랍다.

〈광고사진〉(2005년, 71세)은 선생의 풍채와 위엄을 스스로 풍자하는 내용이다. 하루는 영양제 광고에 선생의 사진을 쓰고 싶다는 사람이 찾아왔다고 한다. 선생은 "내 사진을 광고에 썼다가는 비타엠 먹던 사람도 다 끊는다. 다른 사람을 찾아보라"고 거절했다. 그때 카메라를 둘러맨 젊은이는 "염려 마십시오. 변호사님 사진을 넣고 그 밑에다 '이런 사람은 비타엠을…' 하고 써 넣으면 광고 효과가 배가될 것입니다"고 했다고 한다.

검사 시절에는 사건 현장에 나가면 검사인 자신을 제쳐두고 검찰청 직원에게만 거수경례를 하고 자리를 권하는 이야기, 변호사 사무실에서는 안내하는 자신을 알아보지 못하고 "나는 한 변호사님 들어오시면 직접 만나서 말씀드릴 일이 있으니까 그냥 여기서 기다리겠습니다"라고 한 일화 등이 소개되어 있다. 자신을 풍자 대상으로 삼는 것은 수단이 높아야 할 수 있는 일이다.

〈웃음이 있는 법정〉(2002년, 68세)은 과거에 있었던 법정 풍경을 가볍게 그려내고 있다. 폭소를 자아내는 '저학력 순진형'과 소송에 능숙한 '고학력 똑똑형'의 풍경을 보여 준다. 그러면서도 따뜻한 애정을 보인다. "순진한 사람들이 그 순진함 때문에 제대로 법의 보호를 받지 못하지는 않을지, 혹은 똑똑형이 법망을 빠져나가는 일은 없을지" 걱정을 한다고 글을 맺는다.

평론가 한승헌

선생의 문학 중 평론을 빼놓을 수 없다. 평론은 독자적인 문학 분야다. 작품이 가지는 의미와 성격을 분석하고 드러내는 것은 평론의 몫이다. 선생은 법의 눈으로 작품을 분석하는 평론을 시도했다. 선생의 평론은 많은 사람들이 누락하고 있는 분야다. 하지만 평론은 선생의 문학에서 빼놓을 수 없는 분야다.

선생의 평론 중 법조인으로서 선생의 특징을 가장 잘 드러내는 것은 《춘향전》 평론일 것이다. 선생이 《춘향전》을 평론 대상으로 삼은 것은 법의 눈을 가졌기 때문이다. 선생은 《춘향전》이 갖는 특징을 "한국적 독자성, 민중작품성, 전형성 등을 생각할 때 고전문학에 나타난 한국인의 의식을 살피는 데는 《춘향전》이 매우 적절한 텍스트"(저항인가 적응인가? 법률가가 본 《춘향전》, 1974, 40세)라고 보면서도 "법의식의 문제에 초점을 맞추고 관찰"할 때는 복합적인 면을 가지고 있다고 분석하고 있다. 그 관찰의 결과를 선생은 다음과 같이 정리하고 있다.

신분의 차별이 없었다면 춘향의 이야기는 기특할 것이 없다. 불평등과 횡포를 숙명처럼 알고 살아온 우리 민중에겐 굴종과 체념의 생리가 몸에 배었으며 권력을 규탄하는 듯하면서도 실은 이를 부러워하고 그에 영합하는 양면성을 버리지 못한다.

《춘향전》은 계급성에서 시작해 계급성으로 끝나는 체제 긍정의 작품이다. 광한루에 나간 이도령이 방자더러 춘향 불러오기를 재촉하면서 "들은즉 기생의 딸이라니 급히 가 불러오너라"라고 분부한 말투에서부터 상민이나 천민에 대한 양반의 지배 근성이 드러나 있다.

언뜻 보아 춘향 모녀 쪽이 이도령의 요구에 순응한 것처럼 보이면서도 불가항력일 수밖에 없는 제도상 요인이 있었는가

하면, 한편으로는 춘향 모녀는 그들대로의 자기 타산을 전혀 안한 것은 아니었다. 천민의 딸로서 부사의 아들과 결연하는 것이 여러모로 이롭겠다는 계산이 아주 없지는 않았기 때문이다. 그렇다 해도 춘향은 정실의 자리를 차지할 생각은 감히 못했다.

신임 부사 변학도의 횡포는 엽색으로부터 시작된다. 그는 조선조 양반 관료의 문란상을 상정해 주고 있다. 변 부사의 기생 점고는 직무상의 행위가 아니면서도 권력의 힘으로 강행된다.

이치로써 못 당하면 으레 위협을 가하고 급기야는 죄목을 씌우자고 강변하는 것이 권력자의 병리다. "너 같은 창기배에게 수절이 무엇이며 정절이 무엇인가." 여기까지는 화풀이라 쳐두고라도 "구관은 전송하고 신관을 영접함이 법전에 당연하고 사례에도 당당하거든 고이한 말 내지 마라." 이것은 법전을 모독하면서 법전을 들먹이는 사욕적 공갈이다.

수청 들기를 불응했다고 모반대역죄나 관장조롱죄를 들먹이는 데서 권력자의 무서운 논리 비약이 드러난다. 말을 듣지 않는 자에게는 어떻게든 위협으로 굴복시켜 보려는 것이다.

우리는 《춘향전》에서 당시의 지배계급이 누린 절대권력의 죄악을 실감할 수 있다. 법으로 백성을 다스리는 것은 명목에 불과하며 실은 치자의 뜻하는 바가 곧 법으로 의제되고 있었다.

다스리는 자의 욕망은 기상천외의 중죄를 고안한다. 수청 거부를 모반대역이니 관장조롱의 범죄니 하고 위협하는 그 기막힌 억지에 만사가 잘 설명되고 있다. 동양 전제사회에서는 흔히 그러했듯이 법이란 치자의 지배도구에 불과했다. 도구는 편의와 편리를 위한 것이어서 불편하면 마음대로 버릴 수도 있고 둔갑시킬 수도 있었다. 뿐만 아니라 치자에의 반대는 곧 나라나 국법에 거역하는 것으로 선언받았다. 후진사회에 있어서 법치주의의 가식화는 바로 이런 것을 두고 말한다. (저항인가 적응인가? 법률가가 본 《춘향전》)

더 날카로운 분석도 있지만 이쯤만 해도 선생의 평론가다운 풍모를 충분히 알 수 있다. 《춘향전》에서 계급불평등, 지배계급의 속성, 피지배계급의 이중성, 절대권력의 죄악, 절대권력에 복종하는 법의 실태를 이처럼 날카롭게 분석한 글은 찾기 어려울 것이다. 법률가와 평론가의 이중의 성격을 가지고 《춘향전》이라는 '세상의 끝' 가까이 접근했기 때문에 가능했을 것이다.

아쉬운 것은 선생의 평론 역시 많지 않은 것이다. 차분하게 평론을 쓸 정도로 시국이 안정되지 않았기 때문일 것이다. 선생의 평론이 좀 더 많았다면 법과 문학의 결합 수준을 더 높일 수 있었겠지만 안타깝게도 선생의 평론은 그렇게 많지 않다.

4. 엄격과 유머의 균형

3중의 엄격함

선생의 또 다른 균형은 엄격함과 유머의 균형이다. 법률가인 선생의 삶 자체가 엄격함이었으므로 엄격함은 이미 충분히 알려져 있다. 분단시대의 피고인들을 변호하려면 자신과 주변에 대해 엄격하지 않으면 안 된다. 법률가의 엄격함만큼 선생을 규정하는 요소는 유머다. 유머는 선생을 대표하는 삶의 양식 중의 하나다. 너무나 널리 알려져 있어 더 설명이 필요한가 싶다.

선생도 자신이 유머를 구사하는 것을 자랑스러워했다. 선생은 엄격하면서도 유머를 잃지 않은 삶을 살았다. 엄격함과 유머의 절묘한 균형이 선생을 대표하는 또 하나의 특징이다.

높은 정신적 수준을 달성하려면 자신에게 엄격해야 한다.

세계적인 운동선수들을 보면 육체적으로 높은 수준에 도달하려면 생활관리, 식단관리, 수면관리, 정신관리 등 모든 분야에서 엄격해야 함을 알 수 있다. 하물며 정신적 수준은 말해 무엇하겠는가? '세상의 끝' 가까이 가서 진리를 보려면 엄격한 정진이 필요하다.

수준은 의도와 행위로 결정된다. 더 정확하게는 의도와 행위의 축적, 집적에 의하여 결정된다. 자신의 몸이 지금까지 먹은 음식에 의하여 결정되듯 자신의 수준은 자신의 의도와 행위에 따라 결정된다. 향을 싼 종이에는 향 냄새가 나고 생선을 묶은 새끼줄에는 비린내가 나는 법이다. 모든 의도와 행위는 사라지지 않고 자신의 내부에 축적되고 자신을 바꾼다. 조금이라도 방심하면 엄격함은 사라진다.

법률가는 더욱 엄격해야 한다. 다른 사람들의 사회적 생명을 다루기 때문이다. 의사가 육체적 생명을 다루기 위해서 자신을 엄격하게 관리하듯, 사제와 사문들이 정신적 생명을 다루기 위해서 자신을 엄격하게 관리하듯, 법률가도 자신을 엄격하게 관리해야 한다. 이것이 윤리로 표현되기도 하고 철학으로, 세계관으로 표현된다.

분단시대의 변호인에게는 더욱 엄격함이 요구된다. 분단시대의 피고인들을 독재정권으로부터 보호하고 변호해야 하기 때문이다. 독재정권이 자신을 공격하는 것에도 대비해야 한다. 선생이 두 번이나 투옥된 것은 군부독재정권에서는 변호사들도 안전하지 않다는 점을 보여 준다. 자신의 생활을 엄격하게 단속한 선생조차 투옥되는 경험을 했다. 분단시대의 '인권변호사'는 사무실은 개점휴업이고 감옥에 가고 출옥 후에도 변호사 활동을 하지 못하는 상황이었다.

군부정권 아래에서 사법의 독립을 바라는 것은 연목구어(緣木求魚)격이었다. 억울한 피의자들의 가족이 한 가닥 희망을 걸고 찾아가는 곳은 변호사 사무실뿐이었다. 그런데 대부분의 변호사들은 이른바 공안사범에 대한 기피증 같은 것을 갖고 있었다. 공안사범을 변호하다가 공안사범이 되어 버리는 경우가 심심찮게 발생했고, 재판에서 이길 가망은 거의 없는데다가, 이겼다 해도 변호사에게 돌아오는 것은 유능한 '인권변호사'라는 달갑지 않은(?) 호칭뿐이었다. '인권변호사'라는 딱지가 붙으면 그 변호사 사무실은 개점휴업을 할 판국이고, 한승헌·강신옥처럼 공안사범을 변호하다가 공안사범이 되어 감옥에 간 변호사들은 출옥한 뒤에도 오랫동안 변호사 활동을 못하게 되는 것이 군부독재 하에서의 법조계 풍속도였다. (분단시대의 피고들, 박형규—15년 만에 무죄난 '내란음모')

엄격함의 뿌리

선생의 엄격함은 가난한 어린 시절부터 시작되었을 것이다. 부모님과 떨어져 혼자 공부해야 하는 현실은 엄격한 생활을 하지 않을 수 없는 상황이었을 것이다. 그러나 출세한 이후 가난한 어린 시절에 복수라도 하듯 흥청망청 사는 사람들이 많은 것을 보면 이 이유 때문만은 아닐 것이다. 선생은 법조인이 되면서 법조인 삶의 양식에 대한 확신이 있었을 것이다. 변호사를 하면서 더욱 소욕지족의 철학을 갖추었다.

> 검사를 그만두고 변호사로 전신할 때 한 선배로부터 '면기난부(免飢難富)'라는 권면의 말을 들었다. 직역을 하자면 '밥걱정은 안 해도 되지만 부자가 되기는 어렵다'는 뜻인데 '먹고는 살 테니 부자 되려고 과욕 부리지 말'라는 교훈을 담고 있는 말이다. (한 변호사의 고백과 증언)

선생의 소욕지족의 삶은 이때부터 본격화되었을 것이다. 적게 바라고 만족하는 삶은 높은 정신세계를 바라고 누리는 성인들의 출발점이다. 선생은 "목전의 부귀를 탐하여 부도덕을 범하기보다 진실되고 아름다운 것을 추구하는 삶을 가꾸어 나가는 가운데 인생의 의미를 찾아야" 한다고 강조한다. 그러면서도

"이러한 성취의 인과관계를 훼방하는 사회적 여건에 눈을 돌릴 필요"가 있는데, 그것은 "정직하고 성실한 사람이 성공하고 존경받는 사회가 전제되지 않고는 정당한 성공을 기대하기 어렵기 때문"(피고인이 된 변호사, 자족하는 삶, 1997, 63세)이라고 본다. 소욕지족의 삶을 사회개혁과 연결시키는 탁월한 안목이다.

선생의 이러한 자세를 김지하 시인은 '외유내강'이라고 표현했다. 김지하 시인은 선생이 〈오적〉 사건'에서 자신을 변호한 경험을 바탕으로 다음과 같이 회고했다.

　　재판이 열리고 변호사 반대신문이 진행되자 선생의 그 간결하고 세련된, 그러나 군더더기 하나 없는 유명한 꼭지따기가 시작되었다.

　　"피고인은 공산주의자입니까?"

　　"아니오."

　　"그럼 왜 이 재판을 받게 되었습니까?"

　　"모르겠습니다."

　　강타였다. 사건의 실체를 한두 마디 물음으로 요약해 간단히 드러내 버리는 거였다.

　　이어 표현의 자유, 정부의 부정부패, 풍자의 원리, 청백리 사상, 판소리의 현대화 등등 내가 꼭 말하고 싶었던 항변의 꼭지를 약속이나 한 듯 똑똑 따내어 주었다. 이심전심이라고 생각했다. 아니, 선생의 능력이라고 생각했다. 아니, 선생의 정의심과 자유에의 정열이라고 생각했다. 그것도 아니다. 결국 그것은 선생의 인품이었다.

외유내강. 이 말보다 더 적절한 표현을 선생을 그림에 있어 달리 찾을 도리가 없다. 외유내강. 선생을 생각할 때마다, 만나 뵐 때마다 느끼는 것이다. 선생의 글에서도 느끼는 것이다. 장바닥의 나 같은 중생은 암만 발버둥쳐도 이룰 수 없는 덕성을 선생은 이미 타고난 것이다. 이 '내강'이 선생을 그 험난했던 민주화투쟁의 고난 속으로 그토록 오랫동안 몰아넣었고, 그럼에도 그 '외유'가 남들이 모두 민주화운동의 공적을 뽐내는 요즈음에도 겸허하게 모든 공을 사양하며 자신의 길만을 걸으셔 세인이 더욱 존경의 마음으로 선생을 우러러보게 만드는 것이라 생각된다. (분단시대의 피고들, 김지하—똑같이 수갑을 찬 피고인과 변호인)

선생의 엄격함은 박해 속에서 더욱 구체화된다. 독재정권의 탄압으로 수감되었을 때 선생은 자신에 대한 싸움에서 이길 것을 다짐한다.

구치소 또는 교도소라 불리는 감옥은 자원해서 갈 곳은 아니지만, 이왕 피할 수 없는 고난이라면 그곳을 자기 단련의 공간으로 삼아야 합니다. 사람은 고통과 두려움 앞에 좌절하거나 굴복할 수도 있지만, 그 반대의 경우도 얼마든지 있습니다.

그런 시련이 닥치면 우선 고난의 의미를 새겨보아야 합니다. 그리고 그것이 불의와의 싸움에서 빚어진 결과라면 자기의 공분(公憤)을 굳건한 의지로 승화시켜 조용하면서도 강인한 저항 정신을 길러야 합니다. 자신에 대한 시험, 자신과의 싸움에서 승자가 되어야 합니다. 차분하게 자신의 삶과 생각을 관조하는 시간으로 삼아야 합니다. 그리고 밀폐 속의 불행한 시간을 선용해야 합니다. 공부가 그중의 하나입니다. 그냥 재미로 읽는 시간 보내기의 독서도 좋지만, 무언가 목표를 정해 놓고 하는 집중적 공부가 더욱 생산적이지요. (피고인이 된 변호사, 역사의 체험이 곧 스승입니다—경남 거창고등학교 특강, 2010, 76세)

선생의 엄격함은 일관성으로 나타난다. 선생은 끝까지 변호사임을 강조한다. 변호사로서 시민의 자유와 인권을 지키는 것이 자신의 소명임을 강조한다. 소명으로서의 변호사는 정체성의 핵심이다. 60세에 이런 말을 남겼다. 그리고 그 이후 실제로 변호사, 법치주의 실천가의 삶을 살았다.

나는 끝까지 변호사로서 일하고, 변호사로 남을 것이다. 사건 봉투 끼고 법정에만 드나든다는 말이 아니다. 법정 밖에서 변호사가 할 일은 너무도 많다. 지금도 사법제도발전위원회, 동학농민혁명100주년기념사업회, 공영방송발전연구위원회, 김대중 선생 납치사건 진상규명을 위한 시민의 모임, 대학 강단, 저작권심의조정위원회 등 내가 나가야 할 곳은 아직도 많다. 걸어온 길보다 가야 할 길이 더 바쁘다. (피고인이 된 변호사, 끝나지 않은 인생의 본문, 1994, 60세)

역설의 통쾌함

선생의 엄격함은 바로 자신에 대한 엄격함이다. 자신과의 싸움에서 이기기 위해서는 엄격함, 불퇴전의 결의가 필요하다. 선생의 엄격함은 유머로 더욱 빛난다. 어쩌면 유머가 있었기 때문에 엄격함을 유지할 수 있었을지도 모른다. 장을병 교수는 "한 변호사는 강직하면서도 뛰어난 유머 감각을 지니고 있다. 바로 한 변호사의 뛰어난 유머 감각이 그의 인상을 부드럽게 만들어 주고 사귀고 싶은 사람으로 느끼게 만든다"(분단시대의 피고들, 장을병-힘겨운 역정을 살아온 보람)고 했다. 김지하 시인의 '외유내강' 중 바깥의 부드러움이 유머로 표현된다. 유머는 선생을 대표하는 브랜드다. 선생의 유머는 때와 장소를 가리지 않는다.

딱딱한 자리를 부드럽게 만들고 자신을 낮추고 남을 높인다. 그러면서도 핵심은 놓치지 않는다. 다음은 국정원의 문제점과 국정원에 대한 기대를 함께 내비치는 격조 있는 유머다. 자신의 경험을 활용한 점이 눈에 띈다. 감히 누구도 할 수 없는 유머다.

1997년 겨울, 대선으로 정권이 바뀐 뒤 몇 분과 함께 국정원장 공관에 초대된 적이 있다. 저녁 대접을 받고 나서 나는 다음과 같은 인사말을 했다.

"내가 이 회사에 여러 번 불려왔지만 이렇게 지상에서 밥 얻어먹기는 이번이 처음입니다. (늘 지하실로 끌려가 거기서 밥을 먹었다.)"(피고인이 된 변호사, 내가 겪은 남산, 2003, 69세)

유머의 장소는 엄숙하기로 유명한 청와대도 포함된다.

김대중 대통령 집권 초기, 청와대 만찬에서 어떤 인사가 말했다. "청와대는 감옥과 같은 곳입니다." 나는 아니라고 했다. "감옥은 들어갈 때 기분 나쁘고 나올 때 기분 좋은데, 청와대는 그와 반대로 들어올 때는 기분 좋은데 나갈 때 기분이 안 좋은 곳이니까요." 김 대통령 내외분을 비롯하여 모두 웃었다. (한 변호사의 고백과 증언)

유머는 선생의 삶을 지탱하는 핵심 요소였다. 변호사로서, 민주투사로서, 인권운동가로서, 저작권 전문가로서, 법치주의 옹호자로서 선생은 자신의 내면과 싸워야 했다. 자신과의 싸움은 힘든 일이다. 자신에게도 힘들지만 보는 사람들도 힘들다. 자신과의 싸움에 몰입하지 않고 자신을 마치 다른 사람처럼 거리를 두고 관찰할 때 어려움은 가벼워질 수 있다. 유머 역시 관찰에서 생긴다. 마음을 집중하는 관찰은 엄격함을 유지할 때도, 유머를 구사할 때도 필요하다.

생각해 보자. 일제 치하, 8·15해방과 그 후의 대립과 혼란, 남북 간의 전쟁, 장기집권, 군사독재, 저항과 투쟁 등 연속된 광풍 속에서 무슨 즐거움, 무슨 기쁨이 있었겠는가. 가난과 절망, 피폐와 탄압 따위의 불운한 팔자 속에 무슨 웃을 일이 있었겠는가.

그러나 천만다행으로 나는 많이 웃고 많이 웃겼다. 심지어 감옥에서도 그랬다. 재능이 아니라 체질로 그렇게 했다. 매회 200자 스무 장 안팎의 내 연재 원고는 거의 내 자신의 체험에서 얻어진 이야기였다. 개탄할 수밖에 없는 현실에서 역설의 통쾌함을 체험했고, 직설의 흥분 대신 반전(反轉)의 미소를 끌어냈다. 그러면서 또 하나의 나를 감지하게 되었다. 냉철한 법조인의 속성과는 한참 반대켠에 있는 해학의 순례자, 그 모습이 바로 나였던 것이다.

대중에게 위로와 즐거움을 주는 것도 지식인의 한 사명이라고 한 어느 선배의 말씀을 떠올리면서, 자못 사명감 비슷한 것을 느끼며 글을 쓰기도 했다. (한승헌 변호사의 유머기행, 2007, 73세)

수준 높은 유머란 무엇인가

선생의 유머는 그냥 웃음이 아니다. 튼튼한 철학이 있는 유머다. 다른 이의 유머와 수준에서 차이가 크다. 선생은 "자기 생활에서 터득한 체험적 유머가 더욱 큰 생동감을 주고 독창적인 맛을 발휘"(한승헌 변호사의 유머기행)한다고 강조한다. 그래서 선생의 유머는 독창적인 것이 많다. 자신의 경험을 바탕으로 하기 때문이다. 그것도 매우 힘들었던 시대를 대상으로 하기 때문에 누구도 흉내 낼 수 없는 깊이가 있다. 선생의 유머는 "비속(卑俗)으로 흐르거나 남에게 상처를 주는 일"도 없다. 사람과 세상에 대한 사랑이 있기 때문이다.

억지로 꾸며서 말해가지고는 해학이 되기 어렵다. 압축하는 기법도 따라야 한다. 하지만 해학은 말재간으로만 되지는 않는다. 평소에 인간과 사물을 깊이 있게 통찰하고, 일상의 삶에서 의미를 탐구하며, 남다른 식견과 사색을 쌓아 나가야 한다.

인간사를 긍정적으로 사고하고, 인간에 대한 사랑을 바탕으로 하는 해학이 풍성해지면, 우리는 그만큼 밝고 희망찬 생활을 가꾸어 나갈 수 있으며, 평화롭고 윤기가 넘치는 사회를 기대할 수 있을 것이다. (한승헌 변호사의 유머기행)

유머는 그냥 재미로 끝나 버리는 말의 유희가 아니다. 정서의 고갈과 일상의 삭막함을 치유하는가 하면 완충, 해방, 여유, 공감을 유발하는 효과도 있다. 민주사회에서 특히 강조되는 소통과 친화력 그리고 설득을 위해서도 유머는 필수과목이다. 비판과 저항, 통념 파괴 등의 사회적 처방으로 생각이 미친다면 유머는 참으로 의미 있는 무기일 수도 있다. (한 변호사의 고백과 증언)

유머에 대한 이 정도의 깊이와 철학을 가진 분은 드물고도 드물다. 선생은 '유머의 끝' 가까이에 가 보았던 것이다. '유머의 끝'에서 유머의 본질을 보았고 유머 너머의 세계를 보았다. 그리고 그것을 실천했다.

정치인들의 언어폭력이 갈수록 심각해지고 있다. 언어폭력은 정치의 장을 넘어 일반 사회에까지 널리 퍼지고 있다. 어떻게 하면 상대방을 기분 나쁘게 할까 연구하고 있는 것처럼 심한 말을 하고 공격한다. 말이 도끼가 되어 사람을 공격하는 세상이다. 욕설을 하고 거짓말을 하고 중상모략을 하면 세상은 더러워진다. 물론 이런 말을 하는 사람이 먼저 더러워진다.

높은 수준의 유머가 세상을 깨끗하게 한다는 것을 선생은 유머를 통하여 직접 보여 주고 있다. 마지막으로 선생의 유머의 요체를 간단하게 소개하면서 이 장을 맺는다. 매우 실용적이므로 독자 여러분도 한번 시도해 보시기 바란다.

해학의 구조(또는 요소)는 크게 설정, 압축(set up)+회심의 일격, 반전(punch ling)으로 요약된다.

해학의 요령은 ① 짧게(압축, 간결) ② 수월하게(평이성) ③ 상대방의 신분, 지적능력과 수준, 상황과 분위기에 맞게(적합성) ④ 먼저 또는 도중에 웃지 말고 ⑤ 기지와 순발력을 살려서 ⑥ 체험적 유머를 위주로 ⑦ 의외성에 역점을 두는 것 등이 바람직하다.

해학의 금기사항으로 ① 구체적 상황 또는 분위기에 맞지 않거나 거부감을 자초할 염려가 있는 소재는 피할 것 ② 장황한 언변과 눈치 없는 1인 독주를 삼갈 것 ③ 인신공격이나 프라이버시 침해, 명예훼손이 되지 않도록 조심할 것 따위를 들 수 있다.

해학의 밑천은 ① 신문이나 책 같은 인쇄물을 통해서 ② 인터

넷에 들어가거나 영상물을 보고 ③ 남한테 들어서 ④ 자신의
경험을 통해서 ⑤ 상상에 의한 창작 등에서 얻는다. 그중에서
자신의 경험을 바탕으로 한 체험적 유머가 가장 생동감과 독
자성이 있어서 좋다. 기억력의 한계를 고려하여 수시로 메모를
해 두면 도움이 된다.

  해학의 원형과 형태를 분류해 보면 ① 사실 자체가 해학적인
것 ② 평범한 사실에 의미를 부여하거나 패러디한 것 ③ 말잔치
와 말재간으로 윤색 ④ 가공(架空)의 사실을 꾸며 낸 것 등을
들 수 있으며, 재치 있게 압축해서 표현하는 기법이 필수적이
다. (법치주의여, 어디로 가시나이까, 대중문화의 업그레이드와 해학-
서강대학교 경제대학원 최고감사인과정 특강, 2017, 83세)

5. 전통과 혁신의 균형

전통의 체화

선생은 일제 강점기에 태어났다. 초등학교도 다녔지만 서당에서 한학도 공부했다. 서예도 검여 유희강 선생으로부터 체계적으로 배웠다. 옛 사람의 향기가 물씬 풍긴다. 몸에 익은 교양은 분명 동양 옛 어른들의 교양이다. 전통을 몸으로 체험하신 분이다.

전통은 낡고 고루한 것이 아니다. 전통은 오래되었으나 매일 새로워지는 것이다. 전통은 상속과 흐름 속에서 새롭게 해석되고 적용된다. 사람의 모든 의도와 행위가 축적되듯 사회의 모든 행위 역시 축적된다. 축적된 것은 다음 행위의 씨앗이 된다. 지금의 행위는 과거 행위의 축적에서 비롯되고 미래의 행위는 지금 행위에 의하여 영향을 받는다. 이런 의미에서 모든 행위는 새로운 행위지만 과거 행위의 변용이다.

개인은 그 개인의 의도와 행위의 총합이다. 그렇지만 순전히 개인적인 것만 있는 것은 아니다. 사회와 역사가 제공해 주는 것이 있다. 동양인과 서양인이 능력에서는 크게 다르지 않지만 다르게 생각하고 행동하는 것은 동양과 서양이라는 사회와 역사가 다른 내용을 제공하기 때문이다. 사회와 역사가 개인에게 제공하는 내용은 개인의 정체성, 내면 형성에 결정적인 역할을 한다. 사회와 역사가 제공하는 것은 전통이라는 이름으로 정당화된다. 전통은 척박한 환경에서 살아남기 위해 노력한 개인들의 생각과 행동의 결과다. 유용한 경우가 대부분이다. 어떤 일이 발생하면 어떻게 행동해야 하는가를 가장 빨리 결정하도록 도와준다.

쌓여진 과거 행위는 현재의 행위에 영향을 미치기 때문에 전통이 된다. 모든 행위는 사라지지 않고 축적되므로 전통에는 까마득한 고대부터 내려온 것도 있고 최근에 쌓인 것도 있다. 이 중 우리는 고대부터 축적된 역사의 긍정적인 부분을 전통이라는 이름으로 즐겨 부른다. 나쁜 과거의 경험을 전통이라고 하지는 않는다. 특히 고대의 위대한 스승들이 찾아낸 지혜는 우리에게 세상을 보고, 알고, 자신의 행동을 결정할 수 있는 지혜를 준다.

전통은 상속의 대상이다. 적극적으로 재해석해서 현재의 문제를 해결하는 데 옛 선인들의 지혜를 활용해야 한다. 최근 현대 사회 문제 해결에 노자의 《도덕경》, 공자의 《논어》, 《맹자》, 《묵자》, 《한비자》, 《순자》, 사마천의 《사기》 등 동양 고전이 많이 활용되는 것은 바로 이 때문이다. 오히려 문제는 자신에게 남아 있는 고대의 위대한 스승들의 지혜를 애써 무시하는 것이다.

모든 행위는 사라지지 않고 온전히 남기 때문에 자신에게도 과거의 흔적이 있기 마련이다. 이 흔적을 정확하게 이해하고 나쁜 점은 버리고 좋은 점을 취하는 것이 필요하다. 인격적으로 성숙한 사람들이 전통에 굳건히 서 있는 것은 바로 이 때문이다. 다만 전통 중 자유와 평등, 민주주의와 인권을 억압하는 것은 버려야 한다. 버리지 않는다면 최소한 재해석되어야 한다.

선생은 좋은 의미의 전통에 강하다. 고대의 위대한 지혜에도 밝고 가까운 과거의 전통도 체화하고 있다. 과거 전통 중에서 좋은 부분은 찾아내어 이를 자신의 것으로 만든다. 전통을 승계하면서 전통을 스스로 만들어 간다. 과거와 전통 속에서 교훈을 찾아낸다. 선생이 즐겨 쓰는 표현은 집고지도 이어금지유(執古之道 以御今之有)다.

집고지도 이어금지유(執古之道 以御今之有). 옛 사람의 길을 붙잡아 오늘의 있음을 다스린다는 노자의 말을 좋아한다. "지난 날에 대해서 눈을 감는 사람은 현재에 대해서도 맹목인 사람이다"라는 바이체커 전 독일 대통령의 말도 가끔 떠올린다. (한 변호사의 고백과 증언)

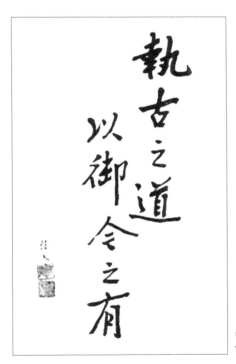

함석헌 선생이 써 준
'집고지도 이어금지유'

역사와 기억

전통과 역사는 다르다. 역사는 객관적 학문이지만 전통은 학문의 대상이 아니다. 삶의 지혜에 가깝다. 그래서 전통은 존중의 대상이다. 물론 자유와 평등, 민주주의와 인권을 반대하는 전통은 폐기하거나 재해석해야 한다. 이에 비해 학문은 학습과 비판의 대상이다. 학문으로서 존중되지만 끊임없이 비판과 재해석된다. 이를 통하여 우리는 교훈을 찾으려고 한다.

비슷한 상황은 반복된다. 인간은 어리석기 때문에 같은 실수를 반복한다. 같은 상황에서 같은 실수를 하지 않기 위하여 역사를 공부하고 비판한다. 하지만 전통과 역사는 매우 가깝다. 우리가 전통을 중시하는 목적과 역사를 공부하는 목적은 서로 닿아 있다. 같은 실수를 반복하지 않기 위해서다.

역사 공부와 비판의 핵심에는 과거사가 있다. 과거사의 원래 의미는 과거에 대한 역사라는 것이지만 현실에서는 다른 의미로 사용된다. 국가가 조직적·체계적으로 불법적이고 반인간적인 고문, 폭행, 협박, 구속을 자행한 사건을 말한다. 군부독재 시절 한국은 폭력으로 죄 없는 자를 처벌했다. 죄가 있다고 하더라도 지은 죄 이상으로 처벌했다. 최소한의 인격적 대우마저 외면하고 비인간적인 처벌을 했다. 간첩조작, 민주화운동 탄압, 민중생존권투쟁 탄압, 통일운동 탄압 등이 여기에 해당한다.

여기에 더해 해방과 한국전쟁 당시 혼란스러웠던 상황에서 벌어진 집단학살도 있다.

국가폭력은 개인에게는 억울함과 한(恨)으로 나타난다. 개인을 넘어 사회의식을 형성해 자유로운 생각과 정의로운 여론 형성을 방해한다. 불법임에도 불구하고 합법의 틀을 여전히 쓰고 있어 정의를 왜곡한다. 이 모든 것은 바로잡아야 한다. 먼저 진실을 밝히고 피해자의 억울함과 한을 풀어야 한다. 손해배상도 여기에 포함된다. 가해자의 처벌이 반드시 필요한 것은 아니지만 필요한 경우라면 피할 수 없다. 가해자의 반성이나 사과 역시 반드시 필요한 것은 아니다. 강제할 방법도 없다. 하지만 가해자와 피해자의 화해는 필요하다.

나아가 진실에 근거하여 미래를 모색해야 한다. 제도에 문제가 있었다면 제도를 개선해야 한다. 미래의 바람직한 정의를 구현하기 위해서 새로운 정의 모델을 세워야 한다. 그리고 과거사가 우리의 역사이고 앞으로 반복되어서는 안 되는 역사임을 기억해야 한다. 기억을 위한 국가적 노력이 필요하다. 과거사를 극복하지 않으면 전진할 수 없다. 이를 우리는 미래지향적 과거 청산이라고 한다.

과거사는 국가 차원의 문제만이 아니다. 국제적인 문제이기도 하다. 한국, 북한, 중국, 대만, 일본이 있는 동아시아는 근대 이후 전쟁과 식민, 내전과 국가폭력을 겪었다. 청일전쟁 이후 동아시아의 질서는 전쟁과 식민의 질서였다. 일본 패망, 한반도 해방 이후에는 내전과 국가폭력의 시대였다. 이 모든 과거사는 동아시아의 안전과 평화의 장애물이다. 최근 한일 간의 관계가 악화되고 있는 현상의 바탕에는 청산되지 못한 과거사가 있다.

선생과 과거사

선생은 과거사의 당사자이면서 목격자이고 기록자이기도 하다. 군부독재정권에 의하여 1975년 〈어떤 조사(弔辭)〉 필화사건, 1980년 '김대중내란음모사건'으로 두 번이나 희생되었다. 두 사건 모두 국가폭력사건이므로 과거사 사건이다. 실제로 두 사건 모두 재심으로 무죄를 선고받았다. 선생 스스로 과거사의 주인공인 것이다.

그리고 수많은 분단시대의 피고인들을 변호하면서 그들의 투쟁을 지켜보았고 기록했다. 과거사를 직접 목격하고 기록한 사관의 역할을 했다. 이 과정을 통해 과거에 대한 기억이 없다면 미래가 없다는 것을 체험으로 깨달았다. 선생은 말한다.

우리나라에서는 참으로 여러 분야의 악역들이 많이 등장했다. 그러나 그들의 과오에 의한 해악만 누적되었을 뿐 거기서 얻어 내야 할 깨달음이나 역설적 성과는 살리지 못했다. 과거를 너무 쉽게 잊어버리는 것도 그 원인의 하나일 것이다. 몇백 년, 몇십 년 전의 일은 고사하고 불과 몇 해 전의 일조차 까맣게 잊고 있거나 생각하려 들지 않는다. 현재에만 끌려 다니느라 과거사가 주는 교훈을 모른다. (역사의 길목에서, 빌라도를 생각한다, 1996, 62세)

2013년은 내가 법조인으로 활동을 시작한 지 55년이 되는 해였다. 55주년이라는 것을 제 개인사로만 여기지 않는다. 그동안 우리나라는 역사적으로 굴곡이 많았다. 그래서 집권자의 독재 탄압으로 양산된 많은 정치적 사건의 변호에 나섰던 체험과 생각을 담은 글을 네 권의 책으로 묶어 선집을 냈다. 집권자의 압제로 찢겨진 민주 법치주의의 참상을 기록하고 이를 널리 알림으로써 야만적 권력의 재현을 막아 낼 역사인식을 배양하는 데 일조가 되었으면 하는 바람에서였다. 다시 말해서 이번 선집은 정치적 탄압의 현장에서 박해받은 사람들을 중심으로 한 반독재 민주화투쟁의 기록이자 증언이다. 야전의 현장에서 쓴 역사의 사초(史草)라고 감히 말하고 싶다. 무릇 변호사는 그때그때 부여된 변호 업무를 잘 수행해야 하지만, 재판에 정의가 제대로 반영되지 못할 때, 그 실상을 기록해서 동시

대인들에게 널리 알리고 또 다음 세대에게 이를 전해 줄 의무
가 있다. 이번에 낸 나의 선집이 우리 역사를 배우는 후대들에
게 도움이 되었으면 한다. (법치주의여, 어디로 가시나이까, 과거를
바로 알아야 미래를 바로 본다-〈위클리 서울〉과의 인터뷰, 2014, 80세)

선생이 억울하게 당한 두 번의 재판은 재심으로 모두 무죄
를 선고받았다. 너무 늦은 재심 무죄지만 그래도 잘못된 역사
를 바로잡은 것은 의미가 크다. 불법을 불법이라고 부르지 못하
고 합법이라고 불러야 했던 상황, 정의로운 사람을 정의로운 사
람이라고 부르지 못하고 범죄자라고 불렀던 기막힌 상황은 끝났
다. 너무 늦은 정의는 정의가 아니지만, 그나마 역사가 바로잡혔
다는 점에서 의의를 찾을 수 있다.

내 나이 마흔한 살 때 〈어떤 조사(弔辭)〉 필화사건으로 구속
기소돼 유죄 판결을 받은 제가 83세가 된 지금 재심 끝에 무죄
가 됐지요. 그나마 저는 살아서 무죄 판결을 받아 개인적으로
는 다행이지만, 여전히 참담하고 착잡한 마음입니다. 과거 독
재 치하에서 범죄인이라는 누명을 쓰고 '사법살인'으로 참변을
당한 뒤에 뒤늦게 재심 무죄가 된 분들을 생각하면, 영국 정
치가 윌리엄 글래드스턴의 "너무 느려빠진 정의는 정의가 아니

다"라는 말이 떠오릅니다. (법치주의여, 어디로 가시나이까, 42년 만의 재심 무죄, 한승헌 변호사−〈한겨레〉와의 인터뷰, 2017, 83세)

부모님에 대한 효도

선생의 전통과 역사에 대한 인식은 언제 어디에서 시작되었을까? 나는 선생의 부모님에 대한 효(孝)에서 시작되었다고 생각한다. 선생의 부모님에 대한 생각은 애틋하다. 중학교, 고등학교 시절 공부를 열심히 한 것도 부모님을 기쁘게 해 드리고자 함이었다고 술회한다. 선생의 효심을 따라가 보자.

일제 말기의 황폐와 해방 후의 혼란이 겹치는 세상에서, 나 같은 농촌 소년의 머리엔 청운의 뜻이니 미래의 꿈이니 하는 '그림'이 떠오르지 않았다. 가난한 농가의 외아들인 나로서는 그저 부모님 모시고 농사와 집안일을 도와드리면서 살아가는 것이 도리라는 생각뿐이었다. 부모님의 말씀에 따라 해방 전해에 전주로 전학한 뒤에도, 방학 때 고향으로 돌아오면 농사도 거들고 지게 지고 산에 가서 나무(땔감)도 해 왔다. (한 변호사의 고백과 증언)

외아들에 대한 아버지의 애정과 기대가 오죽하셨을까마는

겉으로 표현하시거나 나에게 부담을 주는 어떤 말씀도 하지 않으셨다. 단지 상급학교 진학을 하려면 농촌의 시골 학교를 나와가지고는 안 된다고 하여 초등학교 4학년 때 나는 전주에 있는 아이오이(相生)국민학교(지금의 전주초등학교)로 전학을 하였다. 열한 살의 어린 나이에 집을 떠나 객지생활을 하자니 부모님이 보고 싶어서 견디기 어려운 적도 많았다. (피고인이 된 변호사, 해방 전후 나의 10대, 1995, 61세)

국민학교 4학년이 되면서 전주로 전학을 하게 되자 나는 부모님과 떨어져 살게 되었다. 오직 하나인 외아들, 그것도 겨우 열 살 남짓한 철부지를 낯선 도시로 내보내고 어머니는 무척이나 애절해하셨다. 어서 방학이 되어 집에 돌아갈 수 있는 날을 기다리며 나는 어린 가슴을 혼자 달래곤 했다. 슬하에 아무도 없이 단 두 내외분만이 적막하게 지내시는 생각을 하면 어느새 눈물이 맺히곤 했다. 부모님은 그저 자식이 공부 잘하기만을 바라시면서 농촌에서 갖은 고생을 다 하셨고, 나는 부모를 기쁘게 해 드리기 위해서도 시험을 잘 쳐야만 했다. 학기마다 보여 드리는 성적표를 보고 아들을 평가하는 것은 세상의 부모들로서는 항용 그럴 수밖에 없었다. (피고인이 된 변호사, 나의 어머니, 1978, 44세)

어느덧 고3이 되었다. 다시 진학 문제가 나를 압박했다. 국민학교 졸업 때와 달리 이번에는 반드시 진학하겠다는 생각이 었으나 문제는 어느 대학에 가느냐였다. 학교에서는 내가 서울대에 가기를 원했고, 나도 그러고 싶었다. 그러나 저 첩첩산골에서 외롭게 지내시는 부모님을 생각하면, 교통 및 통신 사정이 지금과는 천양지차였던 그 시절에 멀리 부산(서울의 대학들이 당시 임시수도 부산의 전시연합대학에서 함께 공부하고 있었다)까지 갈 수가 없었다. 그것은 부모님을 위한 내 효심의 문제가 아니라 내 자신의 정서상 견디기 어려운 일이었다. 나는 그만큼 마음이 나약했는지도 모른다. 또한 '내가 부산이란 곳에 가서 자활할 수 있을까' 하는 불안감도 없지 않았다. (한 변호사의 고백과 증언)

중· 고등학교 때 나는 공부를 게을리하지 않았다. 부모님은 오직 학교 성적표만 보시고 기뻐하시기 때문에 어떻게 해서든지 성적표 점수가 잘 나오도록 하는 것만이 효도였다.

고등학교를 마친 나는 지방 대학에 들어갔다. 졸업 전에 고등고시 사법과에 합격하여 아버지를 기쁘게 해 드린 것도 잠시뿐, 나의 졸업을 앞두고 아버지는 병석에 누우시더니 쉰셋의 길지 않은 한 생의 막을 내리셨다. 대학 졸업식날이 아버지의 발인날이었다. 그 매서운 늦추위 속에서 아버님 상여를 따라가는 외로운 독상주는 선영으로 향하는 산길, 논길을 걸어가면서 울고 또 울었다. (피고인이 된 변호사, 해방 전후 나의 10대, 1995, 61세)

문득 집 생각이 엄습했다. 지금쯤 어머니와 아내, 어린것들은 얼마나 놀라고 불안한 심경일까. 자식으로서 불효가 되고 가장으로서 면목이 없는 처지가 되고 말았구나. (감옥살이 첫날 밤 1975, 41세, 한 변호사의 고백과 증언)

한승헌 변호사의 안천국민학교 6학년 때(왼쪽)와
전주고 졸업식 때(오른쪽) 모습

효는 윤리의 출발점이다. 동양과 서양을 통틀어 인간됨의 기본이다. 종교도 효도는 강조한다. 출가를 통해 깨달음을 구하는 불교는 세속의 인연을 가볍게 본다. 그렇지만 부모님의 은혜는 가볍게 보지 않는다. 불교에서는 무간지옥이 있다고 한다. 지옥 중에서도 가장 바닥에 있는 지옥이다. 가장 악독한 불선업을 지은 인간들이 가는 곳인데 너무 중생들이 많아 중생들 사이에 공간이 없다고 해서 무간지옥이라고 한다. 양조위, 유덕화 주연의 유명한 영화 〈무간도〉가 바로 무간지옥을 의미한다.

이토록 무시무시한 무간지옥에 가는 불선업에는 5가지가 있다. 하나는 어머니를 죽이는 것이고, 둘은 아버지를 죽이는 것이다. 셋은 부처님 몸에 피를 내는 것이고, 넷은 아라한을 죽이는 것이다. 마지막은 화합 승가를 분열시키는 것이다. 보통 사람에게 해당하는 것은 첫 번째와 두 번째뿐이다. 그만큼 부모님의 은혜가 무겁다는 것이다.

현세와 내세의 행복을 위해서는 반드시 부모님을 모셔야 한다고 가르친다. 부모님의 은혜는 "왼쪽 어깨에 아버지를 업고 오른쪽 어깨에 어머니를 업고 백 년이 지나도록 피로하거나 게으름을 피워서는 안 되는" 정도다. 선생은 어린 시절부터 효를 명심하고 실천함으로써 윤리적인 삶, 좋은 삶을 시작했다. 전통을 배움으로써 선생의 윤리는 시작된 것이다.

선학(先學)에게 배우다

선생의 전통에 대한 존중은 존경하는 선학들의 만남에서 강화된다. 선생은 다양하고 다채로운 인생을 살았다. 그 과정에서 참으로 뛰어난 인물들을 만났다. 선배이면서 훌륭한 삶, 좋은 삶을 살아가는 선각자들은 선생에게 훌륭한 삶의 자세를 가르쳐 주었다. 전통의 향기를 진하게 풍기는 선각자들의 삶은 선생의 삶으로 계승되었다. 좋은 삶, 청정한 삶에서 좋은 친구, 선우(善友)는 전부라고 부처님은 말씀하셨다. 선생 스스로도 자신의 삶에서 좋은 분들을 많이 만났다고 회고하고 있다.

나는 학창 시절부터 사회생활을 거쳐 오늘에 이르기까지 참으로 많은 사람들의 사랑과 도움을 받으며 살아왔다. 어려운 고비에서는 더욱 그러했다. 직장이나 단체에서 함께 일한 이들도 대부분 심성이 좋았다. 한 시대를 이끌다시피 한 지도급 인사들의 격려도 고마웠다.

함석헌 선생님께서는 《씨올의 소리》 원고 청탁서 여백에 "권력이 악독할수록 우리가 계속 써야지요"라고 친필로 써 보내 주시기도 했다. 박정희 정권의 유신통치 아래 불법검열·무단삭제로 속이 상한 내가 원고를 안 쓰자 그렇게 독려를 하신 것이다.

김재준 목사님께서는 캐나다에 사시면서 국내의 우리 후학

들에게 보내 주시는 격려 편지에서 꼭 '지우(志友)'라는 호칭을
붙여 주셨다. 그만한 어른들의 격려를 받을 수 있었던 것은 얼
마나 큰 축복이었던가. (한 변호사의 고백과 증언)

제가 한 사람의 변호사로서 1백여 건의 정치적 사건을 변호
했다는 것은 결코 저 개인의 업적이나 자랑이 될 수 없습니다.
그것은 역대 독재정권의 수치입니다. 한국 역사의 아픔이었습
니다. 동시에 한국의 반민주적 지배권력에 대한 국민들의 저항
과 고난의 기록이라고 말할 수도 있습니다. 만일 그런 저항이
없었다면, 한국은 불의한 권력을 국민의 힘으로 물리치고 오늘
날과 같은 민주사회를 이루어 낼 수 없었을 것입니다.

그러기에 제가 변호했던 피고인들은 거의 '존경받는 피고인'이
었고, 저는 오히려 그들을 통해서 많은 가르침과 깨달음을 얻을
수가 있었습니다. 그래서 저는 "피고인은 변호사를 잘 만나야
한다고 하지만, 변호사는 피고인을 잘 만나야 한다"는 이치를
경험으로 터득하게 되었습니다. (피고인이 된 변호사, 존경받는 피고
인들에 대한 기록—《분단시대의 법정》일본어판 출판기념회 저자 답사)

선생의 전통 존중은 뛰어난 법률가들에 대한 존중을 포함한
다. 선생은 "법조인의 한 사람으로서 긍인 허헌, 가인 김병로,

애산 이민과 같이 일제 치하에서 훌륭한 선배들이 민족독립운동의 대열에 큰 자취를 남긴 것을 자랑스럽게 생각"(역사의 길목에서, 민족변호사 허헌 출판을 축하하며, 2001, 67세)한다고 밝힌 바 있다. 선생의 인격과 변호사로서의 활동은 훌륭한 선배들의 활동에 기인한 바가 크다. 전통의 존중은 삶의 방향을 결정할 정도로 중요한 것이다.

선생은 살아오면서 만나온 사람들의 기억을 담아 《그분을 생각한다》(문학동네, 2019, 85세)를 출간했다. 선생은 이 책의 집필 동기를 "내가 접한 인물 중에는 메마르고 야속한 이 세상과 이웃을 위해서 '사서 고생하는' 분들이 많았기에 그들의 생각을 널리 알려서 독자 여러분의 인생 역정에 아름다운 도반(道伴)으로 삼도록 했으면 좋겠다는 생각이 머리를 들었다"고 설명하고 있다. 이 책에 실린 분들은 한국의 현대사와 함께했던 분들이며 특히 선생에게 많은 영향을 미친 분들이다. 이 책에 초청된 분들 중 선생에게 특히 영향을 미친 선배 네 분을 소개하고 싶다.

김대중 대통령과의 신뢰

선생과 김대중 대통령(1924~2009)은 깊은 신뢰를 쌓았다. 김대중 대통령에 대한 재판을 선생이 변론한 것만이 아니라 '김대중내란음모사건'(1980년)으로 함께 수사와 재판을 받았다. 생사를 함께 넘은 관계다. 2002년에는 '국제행동을 위한 의원연합'이란 단체에서 김대중 대통령을 '민주주의 수호자상' 수상자로 선정했다. 이때 청와대에서는 선생에게 대신 상을 받아 오라고 했다. (그분을 생각한다) 상을 대신 수상할 정도의 신뢰관계인 것이다.

김대중 대통령의 '김대중내란음모사건' 최후진술은 김대중 대통령의 철학과 인품을 보여 주는 것이었다. 유언 같은 최후진술을 듣고 선생도 필히 울었을 것이다.

김대중 씨의 최후진술은 9월 13일에 열린 18차 공판에서 있었다. 장장 두 시간에 걸친 감동적인 발언이 계속되었다. 훗날 한 신문은 '마치 유언을 하듯, 비장하면서도 담담하게 이어지는 김씨의 최후진술은 법정을 완전히 압도하였다'라고 썼다.

"나는 그저께 구형을 받았을 때 의외로 차분한 마음이었습니다. 그날은 평소보다 더 잘 잤습니다. 나는 천주교 신자입니다. 하느님이 원하시면 이 재판부를 통해 나를 죽일 것이요, 그렇지 않으면 나를 살릴 것이라고 믿고 모든 것을 하느님께 맡겼기 때문입니다. 내가 죽더라도 국민들의 손에 의해 민주주의가 살아날 것을 확신합니다. 이번에 다시 구속돼 성경을 읽고 더 한층 하느님께 가까워질 수 있었습니다. 지금 나를 이렇게 만든 사람들을 용서하고 이해합니다."

끝으로 그는 이런 말을 남겼다.

"여기 앉아 계신 피고인들에게 부탁드립니다. 내가 죽더라도 다시는 이러한 정치보복이 없어야 한다는 것을 유언으로 남기고 싶습니다."

약 두 시간에 걸친 유언 같은 최후진술이 끝나자 방청석의 가족들이 모두 일어나 민주주의 만세, 김대중 만세를 외쳤고, "오, 자유여…"로 시작된 '민권의 노래'를 불렀다. 사흘 뒤인 9월 17일 아침 10시, 군법회의 재판장 문응식 소장의 입에서는(우리가 걱정했던 대로) "피고인 김대중, 사형"이란 말이 떨어졌다. (한국의 법치주의를 검증한다, 김대중내란음모사건, 2006, 74세)

김대중 대통령에 대한 재판은 대법원 상고기각으로 확정되었다. 이후 김대중 대통령은 감형되었다가 석방되었다. 1997년 12월 한국의 15대 대통령으로 당선되었다. 그리고 2000년 6월 역사적인 평양 방문으로 6·15선언을 성사시켰고 한국인 최초로 노벨평화상을 받았다.

사상적 동지, 정치적 동지는 깊은 신뢰를 낳고 깊은 신뢰는 또한 관계를 더욱 깊게 만든다. 김대중 대통령과 얼마나 깊은 신뢰를 주고받았는지 알 수 있는 일화가 있다. 보청기 배터리 일화다.

디제이가 소개해 주신 보청기 회사에 가서 보청기를 맞추어 귀에 꽂았더니 아주 효과가 좋았다. 그후 디제이의 노벨평화상 수상 5주년을 기념하는 행사 때, 나는 그 준비위원장이 되어 일을 했다. 그 행사에는 디제이와 교분이 깊은 독일의 바이츠제 커 전 대통령이 참석해서 기념식이나 만찬 때는 나도 헤드테이 블에 동석을 했다. 식순에 따라 행사가 진행 중인데, 디제이의 비서관이 내게로 오더니, 혹시 보청기 배터리가 있느냐고 귓속 말로 물었다. 나는 재빨리 눈치를 채고, 주머니에 넣고 다니던 비상용 보청기 배터리를 뽑아서 내주었다. 테이블 맞은편에 앉 은 디제이가 의미 있는(?) 미소를 보내 주셨다. (그분을 생각한다)

김대중 대통령과 선생의 신뢰관계는 감사원의 독립과 관련 해서도 나타난다. 감사원은 직무상 독립이 생명이다. 감사원장 의 소임도 외풍을 차단하거나 물리치는 일이 가장 중요하다.

군부독재 시절 모든 국가기관은 정치권력의 횡포에 시달렸 다. 독립이 필수적인 감사원과 사법부도 예외가 아니었다. 민주 화 이후 모든 국가기관이 개혁의 첫 번째 과제로 정치적 중립을 주장한 것은 바로 군부독재 시절 정치권력의 횡포로 제 역할을 하지 못했기 때문이다. 수사와 재판, 감사는 특히 정치권력으로 부터 독립해야 한다. 물론 여기의 독립이 조직과 예산과 인력의

김대중 대통령으로부터 감사원장 임명장을 받고 있는 한승헌 변호사(1998년)

독립을 말하는 것은 아니다. 검찰청과 감사원은 엄연히 행정부로서 조직은 통제받아야 한다. 업무의 독립이 중요한 것이다.

김대중 대통령은 감사원의 독립을 보장했다. 민주주의 인식에 투철한 결과이기도 하겠지만 선생에 대한 신뢰도 작용했을 것이다. 감사원 업무와 관련하여 김대중 대통령이 선생을 존중했던 사례는 최초의 청와대 보고 때 감사위원 전원의 유임 건의를 수용한 사례, 감사원 인원 감축 제외 요청을 수락한 사례 등이 있다. 선생은 회고한다.

나는 만일의 경우에 대비한 시나리오를 준비하고 청와대를 드나들었다. 혹시 대통령께서 감사원의 직무상 독립에 어긋나는 말씀을 하신다면, 그때 어떻게 할 것인가를 몇 가지 '모범답안'으로 정리하여 머리에 입력해 두었던 것이다. 그러나 내 재임 중 한 번도 그것을 써먹을 기회가 없었다. 대통령께서 감사원의 독립을 120% 존중해 주셨고, 그만큼 나는 행복한 감사원장이었다. 심지어 IMF사태를 불러들인 환란(換亂) 감사에 대해서조차 지시는 고사하고 유도성 암시조차 없었다. (한 변호사의 고백과 증언)

나도 김대중 대통령을 직접 뵌 일이 있었다. 민주사회를 위한 변호사 모임(민변)에서 사무차장으로 상근하여 일할 때인 2002년 청와대에서 연락이 왔다. 김대중 대통령께서 임기 말에 시민단체 인사를 초청하여 만찬을 하는데 내가 초청되었다는 것이다. 나는 당시 사무차장이었으므로 회장이었던 최병모 변호사, 사무총장이었던 김선수 변호사만 초대되고 나는 잘못 전달된 것으로 알았다.

그런데 내가 초대되었다는 것이다. 너무 놀랐다. 그때 청와대 영빈관에 초청되어 김대중 대통령을 직접 뵌 일이 있었다. 그후 노무현 대통령 때에는 청와대에서 행정관과 비서관으로 근무했으니 그때의 인연이 작용했던 것이 아닌가 생각한다.

스승을 만나다

함석헌 선생(1901~1989)은 선생의 스승이다. 아니 선생의 표현
에 의하면 겨레의 스승이다. 선생은 함석헌 선생과 여러 인연을
맺었다. 1970년대 초반 함석헌 선생이 강연회 연사로 서시게 되
었는데 갑자기 몸이 불편해서 선생이 대신해서 강연을 한 적도
있었다.

선생은 원효로 4가에 있는 함석헌 선생 댁을 자주 방문하여
함께 토론도 하고 시국성명서에 서명을 하기도 했다. 선생이 국제
앰네스티 한국지부 활동을 할 때는 함석헌 선생이 회원으로 참여
하여 용기를 주시고 회비도 잘 내셨다고 한다. 그리고 삼민사를
경영하는 동안에는 함석헌 선생의 책《하늘 땅에 바른 숨 있어》
를 출판했다. 선생은 함석헌 선생의 《씨올의 소리》 독자로서, 또
필자로서 깊은 인연을 맺었다. 참으로 깊고 깊은 인연이다.

선생은 함석헌 선생의 비폭력 철학을 높이 평가했다. 당시
험악한 시대 상황에서 폭력이 당연시되었지만 지금은 비폭력이
높이 평가되고 있다. 선생과 함석헌 선생 모두 선각자로서 혜안
을 가지고 있었던 것이다.

겨레의 스승이신 함석헌 선생님 댁에서 귀한 말씀을 듣고 있는 한승헌 변호사(1975년)

　함 선생님께서도 한 인간으로서 여러 가지 고민이 왜 없었겠
어요? 그러나 우리 국민들은, 특히 조금 과격한 사람들은 함
선생님한테 너무 많은 것을 기대했습니다. 그래서 유신 말기에
그 혹독하고 야만적인 상황 속에서 함 선생님의 비폭력 평화주
의라는 것을 젊은 사람들이 제대로 이해하려고 하지 않았어요.
　그러나 폭력이 당장에는 무슨 특효라도 있을 것 같기도 하
고, 한풀이가 되고 좀 시원한 면도 있긴 하지만, 그 폭력이 불
러들이는 더 엄청난 폭력, 그로 인한 피해가 어떻게 되고, 그것

이 과연 역사를 바로잡는 데 정말 도움이 되느냐 하는 것도 냉철히 생각해 보아야 합니다. 간디의 말을 빌릴 것도 없이 폭력보다 강해야 비폭력의 저항을 하는 겁니다. 바로 그 비폭력의 원칙을 견지하셨다는 점에서 함 선생님은 훌륭하신 분입니다. (그분을 생각한다, 겨레의 스승이신 사상가이자 민주투사 함석헌 선생, 2001, 67세)

그 다음으로 선생께서 존경하는 스승은 김재준 목사(1901~1987)다. 선생은 김재준 목사와 1972년 봄, 국제앰네스티 한국지부를 창립하면서 공적인 인연을 맺기 시작한다. 김재준 목사는 초대 이사장으로 활동했다. 김재준 목사의 사상에 대해 선생은 "자기 정체성은 잃지 않으면서 현실을 그리스도 생명에의 현실로 변혁해 가야 한다는 생활신앙을 강조하며 문화 간, 종교 간, 교단 간 화합과 협력에 앞장섰다"(그분을 생각한다, 진보적 신학자의 범용(凡庸)을 우러르며, 1992, 58세)고 평가하고 있다.

선생은 삼민사에서 김재준 목사의 글을 모아 《속 장공전집》으로 간행한 바 있다. 그리고 1981년 봄, '김대중내란음모사건'으로 복역하고 출옥한 뒤에는 '신망심불변(身亡心不變)−몸은 무너져도 마음은 변하지 않네'로 시작되는 글귀의 휘호를 받은 적도 있다. 김재준 목사의 사상 중 선생에게 큰 영향을 미친 부분

국제앰네스티 한국위원회 창립총회에서 김재준 목사님(가운데)과 한승헌 변호사(1972년)

은 종교인의 역사 참여, 정치 참여에 관한 것이라고 보여진다.

    기독교인, 특히 성직자들이 성(聖)과 속(俗)의 이원론(二元論)
에 사로잡혀 "하느님은 세상, 즉 우리가 말하는 속세를 그렇게
까지 사랑하셔서 자기 외아들을 희생시키기까지 하셨다고 입버
릇처럼 되뇌면서 세상일, 특히 가장 강력한 'demolish power'
인 독재정권에 대해서는 추종하거나 묵인하여 말이 없다는 것
은 이해하기 어려운 일이다"라고 하셨습니다. 또한 기독교인

의 정치 참여라고 해서 "교회가 직접 정치인 클럽같이 되라는 말이 아니라, 교회 안에서나 밖에서나 '예'와 '아니오'를 분명히 하여 예언자적 구실을 다해야 된다"는 말씀도 잊지 않으셨습니다. (그분을 생각한다, 진보적 신학자의 '범용(凡庸)'을 우러르며)

선생은 기독교인으로서 성의 세계와 속의 세계를 오가면서 사회변혁을 위하여 혼신의 노력을 다했다. 그 사상의 일단을 선생의 스승인 김재준 목사에게서 확인할 수 있다.

변호사 선배 이돈명

선생은 변호사 선배 가운데 이돈명 변호사(1922~2011)를 각별히 기억한다. 물론 함께 민주화운동을 했던 전설적인 이병린 변호사(1911~1986)도 매우 존경한다. 선생은 가장 존경하는 법조인이 누구냐는 질문에 주저 없이 이병린 변호사라고 대답했다고 한다.

한 변호사는 가장 존경하는 법조인이 누구냐고 묻자 주저 없이 이병린 변호사라고 대답했다.

"정의 실현과 인권 옹호에 대단한 열정을 가진 분이었습니다. 신·구 학문에 달통해 박식했죠. 변호사로서 사회참여에 주저하지 않았고, 민주화운동에서 지도적 역량을 발휘했습니다. 민주회복국민회의 대표위원 사퇴요구를 거부해 간통으로 구속까지 되면서도 뜻을 굽히지 않았죠." (한국의 법치주의를 검증한다, 사법 개혁과 사법의 미래상–〈신동아〉와의 대담, 2006, 72세)

이돈명 변호사를 존경하는 것은 조금 더 개인적이다. 이돈 명 변호사는 선생에게 '동생', '자네'라고 스스럼없이 불러준 오 직 한 분의 선배요 형님이었다고 한다. (그분을 생각한다, '범인 은닉' 의 '대역 조작'에 성공한 각본 재판)

개인적으로는 형님 같은 변호사였지만 이돈명 변호사는 분 단시대, 군부독재 시절 변호사로서 어떻게 살아야 할 것인가를 보여 주었다. 이를 선생은 이돈명 변호사의 2011년 민주사회장 에서 조사(弔辭)로 다음과 같이 표현했다.

변호사님께서는 세속의 안일을 버리시고 겨레 사랑의 일념으 로 사서 고생을 하셨습니다. 억눌린 자의 편에서 싸우다가 스 스로 억눌린 자가 되셨고, 억울하게 갇힐 위험에 놓인 형제를 살리고자 스스로 갇히는 몸이 되셨습니다. 변호사가 감옥에 끌 려가고, 농성과 거리 시위에 나서야 했던 그 참담한 시대에 변 호사님께서는 언제나 저희 후배들에게 감동적인 본을 보여 주 셨습니다.

변호사님께서는 그래서 한 시대의 표상이자 구심점이셨습니다. 압제가 판을 치는 세상에서 변호사의 길, 지식인의 길, 신앙인의 길이 무엇인지를 온몸으로 보여 주셨습니다. 그리하여 이 땅에서 민주주의와 인권, 정의와 평화에 새살이 돋아나는 역사를 이룩하는 데 큰 몫을 하셨습니다.

변호사님께서는 자작극으로 피고인이 되셨던 법정의 최후진술에서 이런 말씀을 남기셨지요.

"법이 국민을 탄압하는 집권자의 도구가 되어 버린 마당에 우리 법률가들이 자기 일신의 안위를 위해 법의 이름 아래 탄압받는 국민의 편에 서지 않는다면 어떻게 양심을 지켰다고 감히 말할 수 있겠는가?"(그분을 생각한다, '범인 은닉'의 '대역 조작'에 성공한 각본 재판)

이돈명 변호사의 최후진술은 이어진다.

저는 이렇게 구속이 되고 검찰은 저에게 3년을 구형했습니다. 보십시오! 그 가혹한 방법으로 그 수치스러운 방법으로, 고문 역사상 유례없는 고문을 당했다는 권인숙 양, 고문을 가했다고 하는 문귀동 순경은 국가에 공로가 있다고 하여 소추하지 않고, 너는 그래도 민주화를 위해서 애 좀 썼다고 하던데 사람

을 숨겨 줬으니까 3년 징역을 살아야 한다는 검찰의 논리, 이것
이 과연 형벌의 균형을 이루고 있는 것입니까? 나는 소가 들어
도 웃으리라고 확신합니다. 누누이 간청하건대 제가 한 일 없이
부당하게 처벌을 받는 사람으로서는 마지막이 되게 해 주시기
를 법원에 간절히 바랍니다. (분단시대의 피고들, 이돈명-'한 일 없
는 이 사람'의 참뜻)

좋은 법은 사람들을 편하게 하지만 나쁜 법은 변호사마저
어려운 길을 가도록 만든다. 나쁜 법이 지배하는 세상, 민주주
의와 인권이 실종된 세상에서 "법의 이름 아래 탄압받는 국민
의 편에 선" 이돈명 변호사의 생은 선생에게도 깊은 영향을 미
쳤다.

이돈명 변호사의 최후진술 중 "한 일 없이 부당하게 처벌을
받는 사람"이라는 말, 그리고 선생의 표현 중 '자작극'이라는 말
은 설명이 조금 필요하다.

1986년 5월 3일 인천에서 개헌 요구 시위가 있었다. 인천의
시위는 당시만 하더라도 역사상 가장 큰 규모의 시위였다. 이
시위의 배후로 민주통일민중운동연합 이부영 사무처장이 수배
되었다. 꽤 오랫동안의 도피 생활 후 이부영 사무처장은 검거되
었고 그동안 이돈명 변호사의 집에 피신해 있었다고 자백했다.

이돈명 변호사도 이를 시인했다.

그런데 실제로 이부영 처장은 고영구 변호사 집에 숨어 있었다. 왜 이돈명 변호사 집에 숨어 있었다고 했는가 하면 이돈명 변호사가 법조계의 원로여서 쉽게 구속할 수 없을 것이라고 생각했기 때문에 관계자들이 입을 맞추었던 것이다. 그러나 전두환 정권은 이돈명 변호사를 구속하고 실형까지 선고해 버렸다. 이돈명 변호사는 아무런 변명 없이 수사와 재판을 받았다. 그리고 역사적인 앞의 최후진술을 했다. 분단시대, 군부독재시대가 낳은 비극이지만 변호사로서 어떤 삶을 살 것인가를 묻는 사건이기도 했다.

지적 호기심과 성실

선생은 전통에만 머무르지 않았다. 전통에 굳건히 서서 끊임없이 미래를 바라보았다. 선생은 전통을 존중하면서도 변화와 혁신을 거부하지 않았다. 오히려 변화와 혁신에 앞장섰다. 전통과 혁신 사이에 균형을 잘 유지했으니 전통과 혁신의 균형도 선생을 대표하는 말이 되었다. 전통을 지키면서도 혁신에 나설 수 있었던 동력은 기본적으로 선생의 높은 '지적 호기심'과 '성실'이라고 생각된다. 컴퓨터 학습에 대한 일화는 선생의 높은 '지적 호기심'과 '성실'을 알 수 있는 일화다.

나는 감사원에 들어가기 전, 변호사 사무실 근처의 한 신문사에서 실시하는 컴퓨터 교육을 받은 적이 있는데, 넓다란 사무실에 가득 찬 수강생 틈에 끼어서 듣는 무료 강습이라 그런지 학습효과가 별로 없었다.

그래서 감사원에 부임하고 얼마 후부터 아침 업무 시작 전에 한 시간씩 전산담당관실의 '도사'로부터 개인 교습을 받았다. 본시 기계치인 나는 이해와 진도가 지진아 수준이었지만, 독재시대의 '중단 없는 전진'이란 말까지 되새기며 꾸준히 익혀 나갔다. 하루는 그 고수가 하는 말인즉, 원장에게 너무 많이 가르쳐 드리면 우리가 곤란해지니 적당히 하라고 원의 간부들이 자기에게 압력을 가하더라는 것.

어쨌든, 그렇게 해서 나는 겨우 컴맹을 면하게 되었고, 나아가서 원 내외 전문가들을 강사로 초청하여 '정보화 동향 설명회'를 주기적으로 열어 급변하는 정보화의 흐름을 파악하는 한편, 전 직원을 대상으로 컴퓨터 활용능력 평가제를 시행하여 다가오는 큰 변화에 뒤지지 않도록 이끌어 나갔다. (한 변호사의 고백과 증언)

선생의 지적 호기심과 성실은 타고난 것이기도 하고 강요된 것이기도 하다. 중·고등학교 시절 선생은 고학생이었다. 신문

배달, 좌판, 잡지나 책 판매, 도장공, 명함 식자공, 프린트 필경생 등 어려운 생활을 이어갔다. 전북대학교 생활도 어렵기는 마찬가지였다. 아르바이트는 교재를 만들어 파는 쪽으로 바뀌었다. 외국어로 된 교재는 만들기 어려웠다고 하는데 독일어 교재와 불어 교재도 만들었다고 한다. 지적 호기심과 성실이 없다면 할 수 없는 일이다.

선생은 대학 시절 전주지방법원과 한 일간신문사가 공동으로 인권에 관한 논문 현상 공모를 하는 것을 보고 이에 응했다. 지적 호기심에 의한 것이기도 했지만 생활고를 해결하기 위한 것이었다. 선생은 논문이 당선되어 상금으로 빚을 갚았다. 선생은 법대 학보 편집을 거쳐 대학신문을 창간하고 1인 다역으로 신문을 만들었다. 역시 지적 호기심과 성실이다.

'지적 호기심'과 '성실'은 변화를 두려워하지 않고 혁신을 선도하는 삶으로 이어진다. 변호사를 하면서 시와 수필, 평론을 계속해서 발표한 것 역시 지적 호기심과 성실이 없다면 불가능한 일이다. 다만 큰 조직에 속해 있지 않아 조직의 혁신을 이끌 기회는 갖지 못했다. 독재정권 하에서 분단시대의 피고인들을 변호하는 것은 변호사 개인이 담당해야 할 몫이었기 때문이다. 민주화 이후 선생은 감사원장으로 감사원의 혁신을 이끌게 된다.

감사원의 혁신

선생은 감사원장으로 공직 생활을 시작하게 된다. 1998년 감사원장에 취임하므로 당시 나이는 64세. 그때 감사원법에 의하면 감사원장의 정년이 65세였다. 선생에게는 정년까지 임기 4년이 아닌 1년 7개월의 시간이 있었다. 감사원의 변화와 혁신을 이끌기에는 나이도 많았고 시간도 부족했다. 하지만 선생은 민주정부의 첫 감사원장으로서 감사원의 혁신과 변화를 이끌었다.

먼저 선생은 감사원 취임사에서 감사원장의 입장을 명확히 하면서 민주정부 감사원의 방향을 밝혔다. 핵심은 감사원의 독립성과 정부의 개혁정책과 함께하는 감사였다.

　감사원이 갖는 헌법적 위상과 직무의 독립성을 지키기 위해서 그 어떤 부당한 간섭과 외풍도 철저히 배격하겠다. 그리고 새 정부의 개혁정책을 뒷받침하는 감사원이 되도록 하겠다. 새 정부의 개혁정책을 뒷받침하는 감사, 비리의 제도적 요인을 개선하는 감사, 예방감사에 중점을 두겠다. 이렇게 역설하고 강조했다. (한 변호사의 고백과 증언)

취임사에서 밝힌 대로 선생은 미래의 감사원을 준비하기 시작했다. 국책사업감사단을 신설하여 고속철도, 항만, 공항, 간척,

감사원의 새로운 원훈 표지석 앞에서 간부들과 함께(1998년)

발전소 부문의 건설 등 대형 국책사업의 특별감사를 진행했고 외환위기 특감에도 주력했다. 모두 과거에는 없었던 새로운 감사 형태로서 감사원의 미래 모습을 보여 주는 것들이었다.

선생의 감사원 혁신은 감사원의 면모를 일신하는 데까지 이르렀다. 구태의연하고 과거에 매몰된 감사원이 아니라 새롭고 미래를 지향하고 국민에 뿌리를 두는 감사원을 만들기 위해 면모를 일신했다. 감사원의 원훈과 원의 상징물을 새롭게 정했다. 그리고 옛 문장을 현대 문장으로 만들어 감사원의 감사 결과를 국민이 잘 알 수 있게 만들었다.

1998년 8월 28일 개원 50주년을 기하여 원훈과 원의 상징물을 새로 정했다. 감사원 뒷마당에 박정희 대통령의 친필 '공명정대(公明正大)'를 새긴 바위가 있는데 그것이 원훈이라고 했다. 알고 보니 원훈을 써 준 것이 아니라 써 준 것을 원훈으로 삼았다는 이야기였다. 또 마패가 원의 상징이었는데 그것도 시대의 변화에 맞지 않는 것 같아서 재검토를 지시했다. 그 결과 두 가지다 공모를 하기로 했다.

원 내외에서 많은 응모작이 들어왔는데 원훈 당선작은 '바른감사, 바른 나라'로 결정되었다. 상징은 국민의 눈과 귀, 그리고 감사원의 각 첫 닿소리인 'ㄱ ㅅ ㅇ'과 사정의 '司'자를 상징하는 도안으로 정했다. (한 변호사의 고백과 증언)

나는 간부들에게 '감사문장 바로쓰기' 교육 실시계획을 짜 보도록 지시했다. 법원·검찰의 문서와 마찬가지로 감사원의 문서 또한 문장이 어렵고 지루하고 구태의연해서 일반 국민이 이해하기 힘든 비민주적 문투가 많았다. 용어가 난해한 것은 물론이고 아무리 읽어 내려가도 '고'자와 '며'자만 나올 뿐 '다'자가 안 보인다. 이런 폐단을 바로잡고 '표현의 민주화'를 익히고자 특별교육을 한다고 했더니 국어교육원의 이익섭 원장을 비롯한 학자와 전문가들이 크게 반기면서 몸소 강사로 참여해 주었다.

'우리말 살리는 겨레모임'이라는 단체에서 '감사문장 바로쓰기' 교육을 이유로 나를 그해의 '우리말 으뜸 지킴이'로 뽑았다. (한 변호사의 고백과 증언)

선생은 이임사에서 "경제위기의 타개와 국정개혁의 추진이라는 절체절명의 국가적 과제 앞에서 국민들의 높은 기대와 여망에 부응하기 위하여 최선을 다한 점, 예방감사, 성과감사라는 새 경지를 넓혀 나가면서 감사의 민주화, 전문성의 강화, 중복감사의 최소화 등 안팎의 숙제를 풀기 위해서 힘을 기울인 점, 감사원의 독립을 직무면과 인사면에서 완벽하게 견지할 수 있었다는 점"(피고인이 된 변호사, '바른 감사, 바른 나라를 염원하며-감사원장 이임사', 1999, 65세)을 주요 성과로 꼽았다. 그러면서도 "감사원의 직무상 독립이 조직이나 개인의 독선 또는 아집과 혼동되어서는 안 된다는 것, 그리고 신분의 안정이 무사안일의 울타리로 왜곡되어서도 안 된다"고 강조했다. 검찰이나 경찰 등 수사기관과 다른 국가기관들의 중립성과 독립성이 강조되는 지금 더욱 중요해지는 지적이다.

국가기관의 정치적 중립
감사원의 정치적 중립 문제가 나왔으니 정치적 중립 문제를 좀 더 살펴볼 필요가 있다. 선생은 정치적 독립, 직무상 독립이라는 용어를 사용했으나 '독립'이라는 말이 조직적 독립으로 오해될 가능성이 있으므로 정치적 '중립'이라는 표현을 사용하는 것이 좀 더 엄밀한 것처럼 보인다.

모든 국가기관의 정치적 중립은 존중받아야 한다. 권력기관은 더욱 그렇다. 우리 역사에서 국가기관의 정치적 중립은 항상 최우선 과제였다. 분단시대 재판에서 확인할 수 있듯이 군부독재정권은 정권을 지키기 위하여 국가기관을 완전히 장악했다. 군부독재정권은 검찰, 경찰, 감사원 등 사정기관을 비롯하여 사법부까지 모두 장악했다. 합법적인 방법도 있었지만 중앙정보부 등 정보기관을 동원한 비합법적인 방법이 주된 방법이었다. 국가기관은 정치권력에 종속되어 불법을 합법으로 포장하는 역할을 담당했다.

민주화가 되자 국가기관의 정치적 중립은 가장 중요한 과제로 떠오른다. 6월항쟁 이후 사법부의 젊은 법관들은 성명을 내고 정치적 중립을 요구했다. 경찰의 일부도 정치적 중립을 요구했다. 검찰개혁의 출발점도 정치적 중립이었다. 마치 정치적 중립만 보장된다면 국가기관이 정상이 될 것 같은 분위기가 형성되었다.

하지만 정치적 중립을 둘러싼 진실은 그리 간단하지 않았다.

정치적 중립을 둘러싼 표면적인 공식은 "정치권력=가해자, 국가기관=피해자"다. 그렇지만 현실은 이론보다 훨씬 복잡한 법, 국가기관은 일방적인 피해자가 아니었다. 국가기관은 정치권력에 순응하고 공존하면서 스스로 권력화되어갔다. 그래서 스스로 개혁할 의지나 역량, 리더십이 없었다. 정치적 중립이 보장되어도 권력기관이 개혁되지 않고 같은 행태를 반복했던 이유는 여기에 있다. 권력기관의 개혁은 외부에서 시작될 수밖에 없었다.

정치권력이 국가기관을 장악할 때 국가기관의 전략은 세 가지다. 저항, 순응, 편승이 그것이다. 민주화 이전 그 어떤 국가기관도 국민의 바람인 저항을 선택하지 않았다. 부분적이고 개인적인 저항은 있었지만 곧 사라졌다. 조직이든 개인이든 모두 순응과 편승 전략을 택했다. 순응은 정치권력의 요구에 수동적으로 따르는 것이다. 그나마 양심을 덜 파는 것일 수 있다.

이에 비해 편승 전략은 정치권력에 충성하면서 기관 내지는 개인의 출세를 지향하는 전략이다. 국가기관의 지위와 역할을 망각하는 비윤리적인 전략이다. 편승은 다시 두 가지로 나뉜다. 조직 전체가 편승하는 경우와 개인이 편승하는 경우가 그것이다. 조직이 순응하면 개인은 편승하는 경향이 있다. 두 가지 전략은 서로 영향을 미친다. 이 과정에서 개인은 출세하지만 국가기관의 정치적 중립은 망가진다.

민주화가 되면 정치권력의 개입은 약해진다. 최소한 불법적인 개입은 없어진다. 정치권력이 권력기관을 장악하지 않는다면 국가기관은 어떤 전략을 선택할 수 있을까? 정치권력의 개입이 없다면 국가기관은 본래의 역할을 하면 된다. 특별히 정치권력에 대하여 취할 만한 전략은 없다. 마치 김대중 대통령과 감사원장이었던 선생의 사이와 같이 지내면 충분하다. 정치적으로 개입하지 않고 국가기관은 자신의 임무만 다하면 된다. 그렇다고 완전히 전략이 없는 것은 아니다. 국가기관에게는 정치권력에 순응 또는 편승한 역사와 관성이 있기 때문이다.

국가기관은 정치권력에 대한 전략으로 혁신, 현상유지, 확대(약탈)라는 세 가지 전략을 택할 수 있다. 혁신은 정치권력에 순응했던 역사를 청산하고 조직을 본연의 임무에 충실하게 만드는 것을 말한다. 즉, 실력 있는 민주적 조직으로 개편하는 것이다. 감사원장으로서 선생이 지향했던 일이다.

현상유지는 새로운 환경에도 불구하고 기존의 방식을 유지하는 소극적인 전략이다. 한마디로 복지부동하는 것이다. 조직은 정치권력의 개입을 받지는 않지만 민주사회의 의미 있는 국가기관으로 활약하지는 못한다.

확대전략은 정치권력의 공백을 국가기관이 대신 행사하는 것이다. 정치권력이 장악했던 권력을 자신이 행사함으로써 조직

의 이익, 개인의 이익을 챙기는 것이다. 이것은 약탈전략이라고
도 할 수 있다. 이 전략에는 이기주의가 깔려 있다. 조직의 확대
를 위해 조직이기주의가 작동하고 개인의 출세를 위해 개인이기
주의가 작동한다. 특히 조직의 수장이 이런 전략을 취하면 개인
은 출세하지만 조직은 민주조직으로 혁신되지 못하고 망가지게
된다.

　민주주의 시대라면 국가기관은 마땅히 혁신전략을 선택해야
한다. 정치권력에 순응하고 편승했던 역사와 전통을 먼저 청산
해야 한다. 그리고 민주주의 시대에 걸맞게 실력, 자율성, 책임
성을 갖춘 조직으로 다시 태어나야 한다. 정치권력의 지시나 간
섭이 없기 때문에 스스로 판단하는 능력과 스스로 문제점을 해
결하는 실력을 배양해야 한다. 정치권력 대신 국민과 직접 소통
하면서 조직의 민주적 운영을 정착시켜야 한다. 실력 있는 민주
적 조직으로 만드는 것은 혁신이며 개혁이다. 선생이 추구했던
방향은 바로 혁신과 개혁이었다.

　현상유지전략은 조직의 리더와 구성원들의 역량이 부족하거
나 개혁의지가 부족할 때 선택할 수 있는 전략이다. 민주주의
시대에는 바람직하지 않다. 만일 역량이 부족하거나 개혁의지
가 없다면 리더를 바꾸어야 한다.

　확대전략, 약탈전략은 최악의 전략이다. 국가기관이 조직의

이익, 개인 리더의 이익을 위해 조직을 사적으로 이용하고 국가의 권한을 이용하는 것이다. 특히 개인의 출세나 정치를 위해 조직을 이용하는 것은 윤리적으로 용납할 수 없는 타락행위다. 선생이 정년을 연장하면서 자신에게는 적용이 없도록 법 개정을 한 것은 법 개정이 만에 하나 감사원의 약탈전략으로 비춰질까 걱정해 택한 방식이다.

최근 국가기관을 마치 자신의 것인 양 이용하는 리더들이 많아지고 있다. 자신의 출세를 위하여 스스로 정치적 판단을 하고 정치적 집행을 한다. 정치적 판단과 정치적 집행은 나중에 자신의 행보를 정당화하고 강화하는 밑바탕이 된다. 이 정도가 되면 정치적 중립은 리더에 의하여 내부적으로 붕괴된다. 조직 내부 구성원들은 소모품으로 전락한다. 조직은 다시 과거 독재 시절의 조직과 같이 스스로 판단하고 행동할 의지와 능력을 갖추지 못하게 된다. 최악의 리더인 것이다. 조직의 리더들이 자신의 전략을 선택하기 전에 선생이 과거 감사원에서 어떤 전략을 선택했는지 참고할 것을 충고하고 싶다.

변화를 위한 처음과 중간 그리고 끝

변화는 모두에게 어려운 일이다. 관성의 법칙이 작용하기 때문이다. 세상 모든 것은 지금까지 해 오던 대로 하려는 경향이 있다. 사람도, 동물도, 나무도 그렇다. 고등학교, 대학교 성적도 1학년 1학기 때 성적이 제일 중요하다. 그 성적이 졸업 때까지 거의 변화 없이 이어지는 경우가 대부분이다. 성적도 한번 정해지면 좀처럼 바뀌지 않는다. 성적을 바꾸려면 공부하는 방법부터 시간과 행동, 사고방식, 생활태도 등을 모두 바꾸어야 한다. 그래도 좀처럼 성적은 변하지 않는다. 물론 밑으로 떨어지는 것은 큰 욕심이 없어도 가능하지만.

변화하려면 굉장한 각오가 필요하다. 관성의 법칙을 이기려면 많은 에너지를 집중적으로 투자해야 한다. 나이를 먹고 시간이 부족하면 더욱 어려워진다. 그리고 어느 정도 성과가 있으면 또 변신하기 어렵다. 조그마한 성과라도 자신의 것이라고 움켜쥐고 놓지 않으려고 한다. 많은 사람들이 갖는 한계다.

이를 뛰어넘으려면 여러 시도를 해야 한다. 출발점은 '지적 호기심'과 '성실'이다. 지적 호기심과 성실함을 갖춘 사람은 중단이 없다. 중간 단계에서는 사물을 있는 그대로 보는 진리의 눈이 필요하다. 진리의 눈을 가진 사람은 아직 자신이 높은 수준에 도달하지 않았다는 점, 더 높은 단계가 있다는 것, 현재 상태로는 진리와 좋은 삶을 이룰 수 없다는 것을 본다. 반성적으로 고찰한다. 그래서 변화를 선택한다.

근본적으로는 높은 정신적 수준에 도달하려는 각오가 있어야 한다. 사람은 모두 같아 보이지만 실제로는 다른 수준에 살고 있다. 낮은 수준에 사는 사람과 높은 수준에서 노니는 사람이 있다는 것을 사람들은 본능적으로 안다. 낮은 수준의 정신세계를 우리는 가시화하여 지옥, 축생의 세계로 묘사한다. 높은 수준의 정신세계는 천상, 천국으로 표현한다. 진리의 삶, 좋은 삶, 깨끗한 삶을 살겠다는 불퇴전의 각오는 변화와 혁신을 가능하게 하는 근본적인 동력이다. 이것을 초발심(初發心)이라고도 한다.

선생이 정년에 가까운 나이에 감사원을 변화와 혁신으로 이끈 것은 위 세 가지의 자질을 갖추었기 때문일 것이다. 특히 높은 수준의 삶은 좋은 선배, 좋은 피고인, 좋은 친구들과의 우정에서 비롯되었다고 본다. 철학적으로는 민주주의와 인권, 그리고 사람에 대한 사랑과 자애, 연민이 기반이 되었기 때문이리라.

법치주의의 혁신

선생의 변화와 혁신은 감사원을 넘어 사법개혁에까지 이른다. 앞에서 설명한 바와 같이 선생은 노무현 정부 당시 사법제도개혁추진위원회의 공동위원장으로서 사법개혁을 총괄했다. 노무현 정부의 사법개혁은 법학전문대학원(로스쿨) 도입, 법조일원화, 한국형 배심제인 국민의 형사재판 참여, 공판중심주의

도입 등 사법 시스템을 거의 모두 혁신하는 것이었다. 과거 일제 강점기부터 지속되어 온 사법제도를 선진화하는 것이 목적이었다. 그만큼 광범위하고 깊이가 있었다. 이런 변화에는 당연히 반대가 따른다. 익숙한 것과 이별하는 것은 누구에게나 불안감을 주기 때문이다. 특히 오랜 기간 과거 시스템에 익숙한 기존 법조인들의 반발은 거셌다.

선생은 과거 사법고시 시대에 법조인이 되었고 변호사로서 활동했다. 40년 이상 그 체제에 익숙해 있었다. 선생도 변화에 대한 저항이 있었을 것이다. 나와 비교하는 것이 불경스럽기는 하지만 나의 경우를 보자. 나는 변호사가 된 이후 사법개혁을 꾸준히 주장해 왔다. 그러던 중 본격적인 사법개혁을 할 기회가 기적처럼 다가왔다. 노무현 대통령이 당선되고 사법개혁이 시작되었다. 나에게 사법개혁을 할 수 있는 기회가 주어졌다. 영광이자 행운이었다.

나는 2003년의 사법개혁위원회에서 전문위원으로, 사법제도개혁추진위원회에서는 기획추진단으로 본격적인 사법개혁 작업에 매진했다. 그때 가장 개혁적인 주장을 한 사람 중의 하나였다. 당시 나의 법조 경력은 아직 10년이 되지 않았다. 그런 나도 사법개혁의 주제 모두에 대해서는 열렬하게 찬성할 수는 없었다. 한두 개의 주제에 대해서는 반대까지는 아니었지만 열렬한 찬성 입장을 취할 수 없었다. 무서운 관성의 힘이다. 그런데 선생은 그러한 관성의 힘을 이기고 사법개혁을 위원장으로서 진두지휘를 했으니 그 변화와 혁신의 의지는 참으로 높았다고 평가할 수 있다.

사법제도개혁추진위원회 위원장을 수락하게 된 것은 우여 곡절이 있었지만 맡은 이상 선생은 최선을 다해 직을 수행했다. 비상근이었지만 상근처럼 열심히 업무를 본 사례는 앞에서 말했다. 사법제도개혁추진위원회 위원장은 국무총리와 민간인 위원장으로 공동위원장 체제였는데, 당시 국무총리는 이해찬 총리였고 선생은 민간인 위원장이었다. 첫 회의에서 선생은 "1980년 김대중내란음모사건에서 이해찬 총리와 공동피고인이었는데 2005년 사법제도개혁추진위원회에서는 공동위원장이 되었다"고 소감을 피력했다. 참으로 세월의 변화, 민주주의의 위력을 느낄 수 있는 순간이었다.

선생은 사법개혁을 지휘하면서 신선한 시도를 한 바 있다. 그중의 하나가 '연예인 배심재판'이었다. 한국형 배심재판인 국민의 형사재판 참여 법률을 준비하면서 모의재판을 서울과 부산, 광주 등에서 실시했다. 법조인들과 언론은 많은 관심을 가졌다. 그런데 시일이 지날수록 관심이 떨어졌다. 이때 당시 변호사였던 정한중 현 한국외국어대학교 법학전문대학원 교수가 문화·예술인을 배심원으로 하여 모의재판을 하면 좋겠다는 의견을 냈다. 참신한 의견이었다. 의견은 당장 채택되었는데 당시 유명한 문화·예술인을 모시는 데 선생께서 많은 역할을 했다. 선생의 넓은 인간관계가 또 빛을 발하게 된 것이다.

당시에 참여한 문화·예술인은 진짜 유명한 분들이었다. 임권택, 김용택, 김갑수, 장미희, 박상원, 이창명, 이연경, 강성범, 신이 등이었다. 유명한 문화·예술인들을 가까운 거리에서 볼 수 있었던 것은 큰 행운이었다. 물론 언론의 관심도 높아졌다. 새로운 시도를 두려워하지 않는 선생의 자세를 확인할 수 있는 또 하나의 계기였다.

미래세대를 생각한다

선생의 전통을 바탕으로 한 혁신은 미래세대에 대한 애정으로 표현된다. 미래세대에 민주주의와 인권, 법치주의를 전달하고 있는 것이다. 아무래도 혁신은 미래세대의 몫이다.

민주주의와 인권, 법치주의는 중요한 개념이지만 오래된 개념이다. 그리고 완전히 이해하기 어려운 개념이다. 현실에서 제대로 적용하고 실천하는 것은 어렵다. 군부독재시대, 분단시대에서 이를 실천하는 것은 더욱 어렵다. 우리 역사에서 민주주의와 인권, 법치주의는 어렵게 발전해 왔다. 많은 사람들의 희생으로 발전해 왔다. 아직까지 완전히 뿌리를 내리지는 못했지만 그래도 우리가 제법 민주주의와 인권, 법치주의의 혜택을 받고 있는 것은 선각자들의 희생 덕분이다.

민주주의와 인권, 법치주의는 우리 사회에서 뿌리 깊은 전통이 되어야 한다. 이론과 실천의 양면에서 모두 튼튼히 뿌리를 내려야 한다. 문화가 되어야 하며 윤리가 되어야 한다. 원래 민주주의, 인권, 법치주의는 문화와 윤리는 아니지만 문화와 윤리에 매우 가깝다. 인간과 사회를 문명화하고 윤리화하는 중요한 출발점 중의 하나이기 때문이다.

민주주의와 인권, 법치주의가 뿌리 깊은 전통이 되려면 시간이 필요하다. 전통은 후대로 전승될 때 비로소 생겨난다. 문화는 순식간에 바뀌는 경우도 있지만 대부분 시간이 오래 걸린다. 이런 면에서 전통의 계승, 전승은 매우 중요하다. 모든 위대한 가르침은 가르침이 후대에 실종되지 않을까 걱정했고 이를 극복할 방안을 스스로 마련했다. 민주주의와 인권, 법치주의도 같다.

선생도 민주주의와 인권, 법치주의를 전승하기 위하여 최선의 노력을 다하고 있다. 2018년에 출판한 《법치주의여, 어디로 가시나이까》는 선생의 이러한 노력을 집대성하여 보여 주고 있다. 물론 이 책의 출판 전에도 선생은 수십 권의 책을 통해 민주주

의와 인권, 법치주의를 정리하고 널리 알리고 교육했다. 그럼에
도 2018년에 다시 이 책을 낸 것은 법치주의 위기 상황에서 민
주주의와 인권, 법치주의를 지키고 전승하기 위한 선생의 의지
때문이다.

《법치주의여, 어디로 가시나이까》는 선생의 강연, 강의, 인
터뷰, 대담을 싣고 있다. 비교적 최근인 10여 년 동안의 활동을
정리했기 때문에 선생의 원숙한 경지를 이해할 수 있다. 이 책
의 특징 중 하나는 젊은 법조인이나 인권과 법치주의에 관심이
많은 젊은 학생들에 대한 강연이 많다는 것이다. 젊은 법조인과
학생들에게 한 강연은 다음과 같다.

- 한국 법조의 전통과 풍토, 사법연수원 신임 형사재판장
  연수 특강, 2007
- 한국의 사법부, 그 60년의 궤적, 사법제도비교연구회
  제53회 연구발표회에서, 2008
- 국가권력과 인권, 인권연대 연수 특강, 2013
- 낯선 '법원의 날'에 대한민국 법원을 생각한다, 전주지방법원
  주최 기념강연, 2015
- 새 시대에 합당한 법조인, 입신에서 헌신으로, 서울대학교
  2014년 로스쿨 입학식 강연, 2014

- 나의 법조 반세기를 말한다, 대한변호사협회 회원 포럼
  발표 요지, 2010
- 유머라는 언어미학과 정치, 서강대학교 대학원 특강, 2012
- 대중문화의 업그레이드와 해학, 서강대학교 경제대학원
  최고감사인과정 특강, 2017
- 세속적인 가치에 안주하는 것은, 사법연수원 〈미네르바〉와
  의 인터뷰, 2006
- 역사와 체험이 곧 스승입니다, 덕성여고 학생들에게 들려준
  인생 이야기, 2011

선생의 민주주의와 인권, 법치주의에 대한 사랑은 후배 법
조인에 대한 사랑으로 이어진다. 좋은 법조인이 많이 나와야 민
주주의와 인권, 법치주의가 제대로 지켜질 수 있기 때문이다.
또 좋은 법치주의를 가져야 좋은 법조인들이 많이 배출된다. 많
은 법조인들이 사회와 공동체를 위하여 헌신할 수 있는 기회를
갖게 된다. 나쁜 법치주의는 시민들에게 해악을 끼친다. 그러나
그전에 판사, 검사, 변호사에게 진실을 왜곡하고 무고한 자를
처벌하는 무시무시한 행위를 강요한다.

법치주의의 성격에 따라 법조인의 행복과 불행이 좌우된다.
선생은 좋은 법치주의를 위하여 좋은 법조인이 될 것을 후배들

에게 간곡하게 부탁한다. 선배들의 민주주의와 인권, 법치주의 수호의 전통을 이어갈 것을 말한다. 경험에 기초한 말씀이라 더욱 울림이 크다.

법조인은 일반적으로 안정된 신분과 생업에 길들여져서 사회 변동에 우려를 앞세운 나머지 현실 고착의 보수성 내지 수구성에 얽매일 가능성이 크다. 그래서 사회정의와 인권을 거론하면서도, 이른바 법적 안정성과 해석법학의 틀에 갇혀서 전향적인 판단과 실천을 주저하는 수가 많다. 그러나 법의 해석이나 적용에 있어서 강자 위주와 수구 일변도에 굳어진 화석이 되지 말고 사회의 변화와 시대정신을 담아 내는 정의의 화신이 되어 주기를 바란다.

또한 법조인은 직무의 속성상 인간 만사를 흑백, 시비, 정사(正邪)로만 양분하려는 2분법적 사고에 젖기 쉽다. 하지만 그런 두 틀에만 익숙하다 보면 좀 더 높은 차원의 진·선·미에 대한 이해가 결핍될 수가 있다. 그런 경직되고 단순화된 좁은 소견에 기울지 않도록 시야를 넓혀 나가야 한다.

해방 70년을 맞는 한국 사법의 역사 내지 법조사를 돌이켜 본다면, 모처럼의 법조인의 신분과 권능과 전문지식을 곡학아세의 제물로 바친 선배들도 있고, 그와는 달리 양심과 지조를 지켜낸 선배들도 있었다. 명문 대학 출신의 인재들일수록 발탁이나 탄압의 표적이 되기도 했다. 목전의 영달에 끌리어 법조인 또는 지식인답지 않은 행보를 서슴지 않는 사람을 두고 '학기(學妓)'라는 말도 나왔다. 여러분은 우리 법조사에서 부침한 인물들을 살펴보고, 그중 어떤 유형의 선배를 본받을 것인가를 놓고 올바른 선택을 하기 바란다.

전문지식과 역량에 따른 신분과 권능을 가지고 남을 위해서, 세상을 위해서 기여를 해야 한다. 아무런 반대급부나 공명심 같은 것을 생각지 않고 남과 세상을 위해 헌신하며, 때로는 사서 고생도 해야 한다.

특히 법조인에게는 공익적 성격의 기여와 헌신에 더 많은 노력을 기울여야 할 사회윤리적 책무가 있다. 입신의 성취감 못지않게 헌신의 보람은 크고 아름답다. (법치주의여, 어디로 가시나이까, 새 시대에 합당한 법조인, 입신에서 헌신으로, 서울대학교 2014년 로스쿨 입학식 강연, 2014, 80세)

6. 민족과 세계의 균형

개방적인 민족주의자

선생은 민족주의자면서 세계주의자다. 민족주의에 충실하면서도 세계에 열린 개방적인 자세를 견지한다. 보통 민족주의자는 폐쇄적인 경향을 보인다. 우리 역사에서 민족주의는 위정척사파에서 시작했다. 위정척사파는 민족의 이익을 우선하면서 외세를 배척했다. 위정척사파는 개화에 반대함으로써 근대화의 열차를 타는 데 실패했다. 개방성보다는 폐쇄성이 강했다.

이후 우리의 민족주의는 위정척사 이외에 독립과 개화의 이념도 함께했다. 식민지를 경험했기 때문이다. 우리에게 식민지는 민족의 상실이면서 근대화, 개화의 실패를 의미했다. 우리 민족에게 외세는 곧 일본을 의미했다. 일본은 조선을 식민지로 강점

했었다. 독립이 최우선 과제였을 때 모든 조선인들은 민족주의와 함께 민주주의, 세계주의를 지향했다. 독립과 해방을 위해서는 일제에 반대해야 할 뿐 아니라 조국을 근대화하고 개화해야 했다. 낡은 왕조국가로는 독립도, 근대화도 불가능했다.

민족주의는 해방 이후에도 분단 때문에 여전히 중요한 이념으로 작용했다. 민족주의에 섰을 때에만 하나의 민족이라는 이 상향에 다가갈 수 있었다. 통일을 지향할 수 있었다. 문익환 목사 방북사건에서 보듯 민족의 통일보다 더 고결한 가치는 없었던 시대가 있었다.

선생도 민족주의자다. 그러면서도 열린 자세를 견지한 세계주의자다. 외국을 그 자체로 이해하는 세계적인 관점을 견지한다. 법적으로는 가장 세계적이고 보편적인 인권과 저작권을 체화한 것이 크게 작용했을 것이다. 일본에 대해서도 중립적으로 이해한다. 일본에 대해서는 과거사의 반성과 사과를 요구했지만 일본 변호사들의 인권을 위한 투쟁에는 적극적으로 공감을 표시했다. 세계에 열린 개방적인 민족주의자가 바로 선생이다.

민족주의는 훌륭한 가치로서 한국을 독립시켰고 발전시켰다. 경제 발전도 민족주의에 근거했다. 세계적인 기업인 삼성은 출발 초기 '기업보국'이라는 말을 사용했다. 지금은 세계적인 기업이 된 포스코는 '제철보국'이라는 구호로 시작했다. 그 외에도 많은 사기업과 공기업이 민족주의를 기반으로 했다. 조국 근대화의 중추임을 자임했다. 민족주의는 한국 경제의 원동력 중의 하나였다.

민족주의는 민주화운동, 통일운동, 노동운동의 철학적 기초였다. 군부독재정권은 외세에 의존하여 민중을 탄압했다. 군부독재를 타도하기 위해서는 군부독재를 지원하는 외세를 배척해야 했다. 통일운동은 민족주의가 없다면 불가능하다.

조국의 분단은 처음에는 외세에 의해 이루어졌기 때문에 외세 축출은 통일운동의 출발점이었다. 우리 민족끼리 우리 민족의 운명을 정하자는 구호는 민족주의 입장에서 보면 자연스러운 결론이다. 노동운동 역시 민족주의 색채를 가지고 있었다. 지금은 많이 약화되었지만 과거 자본은 매판자본, 외국자본의 성격을 가지고 있었기 때문이다.

한국의 민족주의는 공격적이고 폐쇄적인 민족주의가 아니라는 특징이 있다. 식민지로서 독립운동 과정에서 정착되었기 때문이다. 한국의 독립운동은 민족주의에 기반하되 근대화와 민주주의와 함께했다. 물론 경제개혁을 의미하는 사회주의도 함께했다. 한국의 민족주의는 민주주의와 사회주의에 의하여 순화된 비공격적·비파괴적 민족주의다.

동학농민혁명기념사업회

선생의 민족주의자 풍모는 '동학농민혁명기념사업회' 활동에서 가장 먼저 확인할 수 있다. 선생은 1993년 7월 기념사업회 출범과 동시에 이사장으로 취임했다. 그리고 꼬박 10년 동안 이사장직을 수행했다. 그동안 기념사업회를 튼튼한 반석 위에 올려놓았다. 동학농민혁명의 의의에 대해 선생은 다음과 같이 설명한다. 더 이상의 설명이 필요 없을 정도로 깔끔하고 명확하다.

동학농민혁명은 19세기 말 조선조 말기에 일어난 반봉건·반외세 농민전쟁이었다. 다시 말해서 그것은 한국 근대사의 물줄기를 형성한 민족운동, 개혁운동, 자주운동의 기폭제였다. 전라도 고부·백산에서 일어난 농민군이 전라도의 수부(首府)인 전주를 점령하고, 집강소를 설치·운영하는 등 자치를 시행하다가 정부와 화약을 맺고 농민군은 일단 해산한다.

그러나 진압을 구실로 일본군이 들어오자 농민군은 다시 집결하여 항일전선을 구축, 북진하다가 공주(公州) 전투에서 참패하고 슬픈 좌절로 끝난다. 그중 생존자의 일부는 의병이 되어 심지어 만주에까지 들어가서 항일전투에 참여한다. (역사의 길목에서, 동학농민혁명과 아시아의 새 역사, 2001, 67세)

김대중 대통령의 인식도 정확하고 날카롭다. 깊은 역사의식을 느낄 수 있는 부분이다. 당시 민주인사들은 민족주의 인식을 공유하고 있었다.

동학농민혁명은 이 나라 민중혁명의 정상(頂上)이자 반봉건과 반제국주의의 선봉적 운동이었습니다. 참으로 세계사적 의미를 지니는 위대한 혁명입니다. (중략) 보국안민을 외치며 부패한 정치에 개혁의 횃불을 들었습니다. 50만이 넘는 농민들이 한마음으로 봉기했던 것입니다. 이는 세계농민운동사에도 유례를 찾기 힘든 거사였습니다.

동학혁명이 내건 반봉건과 반제국주의 이념은 바로 민주주의와 자주독립과 연결된 그것이었습니다. 동학혁명의 정신은 3·1운동과 4·19혁명 그리고 광주민주화운동 등 이 나라 자주독립과 민주화의 역사에 면면히 이어져 오고 있습니다. 그리고 지금에도 민주주의와 인권, 사회개혁이라는 오늘의 시대정신으로 살아 숨쉬고 있습니다. (역사의 길목에서, 동학농민혁명과 아시아의 새 역사)

동학농민혁명은 반봉건·반외세 농민전쟁이었기 때문에 오히려 우리 역사에서 제대로 평가를 받지 못했다. 분단시대의 군부독재정권이 반민주적·반민족적 속성을 지니고 있었기 때문이다. 평가가 얼마나 낮았으면 민주화가 된 지 한참이 지난 후인 1994년, 동학농민혁명 100주년 기념행사 때 전북지사에게 기념식을 부탁했더니 그의 대답은 놀랍게도 동학농민혁명을 반란으로 취급한 것이었다.

그의 대답은 "그 혁명이라는 것이 요즘 말로 하자면 도지사인 제가 반란군한테 쫓겨서 도망을 간 사건인데 어떻게 제 입으로 축사를 할 수가 있습니까?"였다고 한다. 이에 선생은 "지금의 도지사가 1894년 당시 농민군에게 쫓겨가던 그런 관찰사와 똑같다면 기념식에 나오지 마십시오"라고 말했다. 다행히 기념식이 열리던 날 도지사는 식장에 나타났고 축사를 했다. 함께 온 경찰국장은 만세를 선창했다. (한 변호사의 고백과 증언)

동학농민혁명에 대한 기존의 인식을 바꾸는 것은 이처럼 어려운 일이었다. 반봉건·반외세 농민전쟁이었기 때문에 군부독재정권 하에서는 정당히 평가를 받지 못했고 왜곡되었다. 재야운동, 학생운동 세력에 의해서만 제대로 평가를 받았을 뿐이다. 반봉건 민주화, 반외세 자주화를 자신의 이념으로 하는 세력이 아니라면 동학농민혁명을 제대로 평가할 수 없다. 최근 동학농민혁명이 제대로 평가받는 것은 우리가 민주주의에 어느 정도 성공하고 자주독립국가를 어느 정도 실현했기 때문이다.

동학농민혁명에 대한 정당한 평가는 큰 틀에서는 민주주의와 자주의 실현 때문에 가능했다. 그렇지만 구체적으로는 동학농민혁명기념사업회와 같은 동학농민혁명을 기념하는 단체들의 활동 때문이라고 할 수 있다. 동학농민혁명기념사업회의 구체적인 노력이 없었다면 동학농민혁명은 복권되기 어려웠을 것이다.

선생은 이사장으로 있는 동안 연례적으로 기념행사를 열었고 각종 문화예술사업, 출판사업, 현창사업도 펼쳤다. 대표적인 업적은 100주년 기념행사(1994), 일본인이 몰래 가져간 농민군 지도자 유골 봉환(1995), 농민군의 궐기와 전봉준의 최후를 그린 초대형 음악극인 국립극장의 〈천명(天命)〉 광주·전주공연(1997), 국회의원들의 연구단체인 '갑오동학농민혁명연구회' 발족(2000), '동학농민혁명의 21세기적 의미'를 다룬 한·중·일 국제학술회의(2001) 등이 있다. 이런 구체적인 활동이 있었기 때문에 동학농민혁명은 복권될 수 있었다.

동학농민혁명군 지도자 유골 봉환

동학농민혁명기념사업회 활동 중 가장 의미 있었던 일은 동학농민혁명군 지도자의 유골 봉환사업이었을 것이다. 발단은 한겨레신문 기사였다. 한겨레신문은 1995년 8월 4일 일본 홋카이도대학 연구실에서 한국 동학군 지도자의 유골이 발견됐다는 소식을 전했다. 발견된 6개의 두개골 중 하나에는 유골의 신원이 효수된 한국 동학군 지도자임을 밝혀 주는 '부표(付標)'가 끼워져 있었다. 그것은 한 일본인이 1906년 진도에서 채집해 왔다는 것이었다.

한국 측은 유골 봉환을 위해 나섰다. 선생이 이사장으로 있는 동학농민혁명기념사업회는 물론 다른 기관도 봉환을 추진했다. 최종적으로 여러 단체들이 '동학농민혁명군 지도자 봉환위원회'를 발족하여 봉환추진기구를 단일화했다. 보고서에 의하면 유골은 동학농민혁명군 지도자 중의 한 사람인 '박중진'이 아닌가 짐작된다는 것이다. 다만 확정하지는 못했다.

최종적인 유골 봉환을 위해서 한국 측 봉환위원회에서 선생, 조성용(시민운동가), 박맹수, 장영달(국회의원) 4명의 봉환단이 1996년 5월 25일과 27일 삿포로에 도착했다. 다음은 봉환 당일의 상황 일부다.

1996년 5월 28일 오후 2시 한국 측 봉환위원회와 일본 홋카이도대학 문학부의 합동기자회견이 한일 양측 보도진이 참여한 가운데 홋카이도대학 문학부 회의실에서 열렸다. 이 자리에서 나는 "나라를 위해 싸우다 순국하신 동학농민군 지도자의 유골이 90년 동안이나 북대에 방치돼 온 데 대해 분노하지 않을 수 없다"고 심경을 밝히고, "이번 봉환을 단순한 유골의 운반행위로 보아 넘겨서는 안 되며, 지금까지 일본 측의 잘못된 역사인식을 바로잡고 올바른 한일관계를 정립하는 계기가 되어야 한다"라고 강조했다.

나는 또한 이번 유골 문제는 비단 홋카이도대학뿐 아니라 일본 정부가 궁극적인 책임을 져야 할 것이라고 말했다. 이는 유골 수집이 한두 건에 그친 우발적인 것이 아니라 모종의 계획에 의해 수집된 유골이 또 있지 않은가 의식되었기 때문이다. 특히 지난날 일본의 국립대학에서는 침략정책을 뒷받침하는 '인종론(人種論)'과 '식민학(植民學)'과 같은 연구과제를 다루었던 점으로 보아 이 유골도 그와 관련돼 있을 것이며, 여기에는 일본 정부가 개입돼 있을 개연성이 매우 높았다.

홋카이도대학 조사위원장(이마니스 교수의 후임자)인 하이야(灰谷慶三) 문학부장은 "한국 측의 주장에 대하여 홋카이도대학으로서는 달리 이론(異論)이 없다. 지금은 학문으로서는 부정되고 있으나, 당시 삿포로 농학교에서 인종론이라는 두개골의 비교연구가 행해졌던 사실과 타민족 멸시에 관련된 연구가 대학 내부에서 이루어진 사실을 인정한다. 이 점에 대한 반성을 통해 앞으로의 일·한 간의 학문 교류, 문화 교류에 임하겠다"라고 말했다. (역사의 길목에서, 90년 만에 돌아온 '동학농민군', 1996, 62세)

참으로 가슴 아픈 역사다. 동학농민혁명군의 지도자로서 일본에 의하여 죽임을 당한 것도 억울한데 일본인들이 그 유골마저 일본으로 가져갔다. 그리고 그곳에서 100년 동안 방치되어 있었다. 민족의식이 조금이라고 있는 사람이라면 분노하지 않을 수 없는 사태다. 그렇지만 유골을 봉환하기 위해서는 일본 측과 협의하지 않을 수 없다. 또 일본인 중에서는 당시의 사태에 반성하고 유골 봉환에 적극 협조하는 사람도 있다. 이런 상태에서 유골 봉환은 이루어졌다. 유골은 1996년 5월 30일 비행기로 한국에 도착했다. 추모식, 위령식, 진혼제, 제례를 거쳐 전주의 사당에 안치되었다.

유골 봉환은 과거사가 정리되지 않는 상태에서 이루어졌다. 한일 과거사가 완전히 정리되지 않는 한 유골 봉환의 역사적 의의는 충분히 드러나지 않는다. 일본의 평가도 중도반단이었다. 일본 홋카이도대학의 조사는 철저했고 협조는 충분했지만 홋카이도대학 너머에 있는 한일 관계는 더 이상 살피지 못했다.

그렇지만 한일 간의 과거사가 정리되지 않았다고 유골을 일본에 방치하는 것은 미련한 일이다. 유골 봉환은 먼저 하고 이를 바탕으로 과거사 정리를 더 깊이 있게 진행하면 된다. 선생은 홋카이도대학의 중간보고서를 높이 평가하면서도 그 한계를 정확하게 지적했다.

홋카이도대학의 '중간보고서'는 유골의 주인공이나 채집자가 누구인가를 밝히는 데 집착한 나머지 유골 수집의 목적과 배경, 책임주체, 즉 '누가 무슨 목적으로?'에 대한 규명이 없었다. 정작 진상규명의 본질 문제에 관해서는 거론을 피하고 있다는 느낌마저 주고 있다. (역사의 길목에서, 90년 만에 돌아온 '동학농민군')

농민혁명군 지도자 유골 봉환사업은 선생의 역사의식, 민족의식을 잘 보여 주는 장면이다. 선생의 철저한 역사의식과 민족의식이 없었다면 유골 봉환은 어려웠을 것이다. 봉환이 이루어졌다고 하더라도 그에 걸맞는 무게감을 갖지 못했을 것이다. 유골 봉환에 따른 한계ㅈ도 정확하게 파악할 수 없었을 것이다. 선생의 민족주의자로서의 풍모는 유골 봉환사업에서 더욱 빛났다.

동학농민혁명기념사업회는 선생의 민족주의를 토양으로 하고 있었다. 이 말을 동학농민혁명기념사업회의 모든 업무를 선생이 주도적으로 했다는 식으로 오해해서는 안 된다. 그것은 선생도 원하는 일이 아닐 것이다. 동학농민혁명기념사업회 관계자들 모두의 노력으로 동학농민혁명의 위상과 권위는 회복되었다. 이 과정에서 선생이 민족주의자로서, 이사장으로서 주어진 소임을 충실히 했다는 점을 강조하고 싶은 것이다.

동학농민혁명군 지도자 유골을 봉환하고 있는 봉환위원회(1996년 5월)

민족주의자, 김경득 변호사

선생의 민족주의자로서의 풍모는 김경득 변호사(1949~2005)와의 우정 속에서 확인할 수 있다. 김경득 변호사는 재일 조선인으로, 1976년 일본의 사법시험에 합격했다. 그러나 당시 일본 사법연수소(우리 사법연수원에 해당)는 외국인을 입소시키지 않고 있었다. 한국 국적을 가지고 있던 김경득 변호사는 '국적조항 철폐운동'에 나섰다. 일본의 양심적인 인사들도 함께했다. 여섯 번에 걸쳐 일본 최고재판소(우리 대법원에 해당)에 의견서를 제출해 1977년 일본 최초로 '외국인' 사법연수생이 되었다.

이후 그는 최초의 한국 국적을 가진 일본 변호사가 되어 변호사 사무실을 열고 재일 조선인 차별 철폐에 앞장섰다. 그는 지문날인거부운동, 재일 조선인 국민연금소송, 도쿄도 관리직 채용거부소송, 일본군 위안부 전후보상소송 등을 담당하면서 재일 조선인들의 인권을 위해 애썼다. 한국 정부는 그의 뜻을 기려 국민훈장 무궁화장을 추서했다. 선생은 김경득 변호사에 대하여 이렇게 평가하고 있다.

나도 김경득 변호사가 일본인으로 귀화하지 않은 채 일본 사법연수소에 입소한 최초의 한국인임을 높이 평가하고 존경하게 되었으니, 그의 남다른 민족의식과 신념에 경의를 표하지 않을 수 없었다. 동시에 그의 사법연수소 입소를 성원한 일본인들과 입소자 선발 요강을 개정하여 귀화하지 않은 외국인도 입소할 수 있는 길을 열어 준 일본 최고재판소 당국에도 찬사를 보내고 싶었다. (그분을 생각한다, 일본 귀화 거부한 재일 한국인 변호사 1호, 김경득 변호사)

선생은 김경득 변호사와 함께 재일 한국인을 주요 대상으로 하는 외국인 지문날인제도 철폐투쟁을 함께했다. 1985년 한일 두 나라의 기독교 단체가 도쿄에서 지문강제날인 문제를 다루는 공동 심포지엄을 열었다. 선생은 한국기독교교회협의회(KNCC) 인권위원과 재일 한국인위원을 겸하고 있어 '외국인 지문압날(날인)제도와 일본의 국익'이라는 제목으로 주제 발표를 했다. 그 자리에는 한국인 기독교 성직자(목사, 신부) 몇 분과 김경득 변호사가 참석했다. (그분을 생각한다, 일본 귀화 거부한 재일 한국인 변호사 1호)

선생은 재일동포의 문제를 해결하기 위해 일본 오사카에서 강연도 했고 국회 외무통일위원회 공청회에서 진술인으로 견해를 밝히기도 했다. 이 과정에서 선생은 김경득 변호사와 재일동포의 당면 문제를 중심으로 많은 의견을 주고받았고 깊은 신뢰를 쌓았다.

김경득 변호사(오른쪽)과 함께 사진을 찍은 한승헌 변호사

　　선생이 김경득 변호사와 인연을 맺게 된 것은 재일동포의
차별 문제에 투쟁하면서다. 민족주의와 인권에 충실한 선생으
로서는 재일동포의 차별 문제에 관심을 가지지 않을 수 없었을
것이다. 이 과정에서 역시 재일동포의 차별 문제를 법적으로 해
결하고자 했던 김경득 변호사를 만나게 되었다. 선생과 김경득
변호사는 민족주의를 바탕으로 인연을 만들었고 인연을 이어갔
다. 민족주의는 선생을 움직이는 주요한 철학 중의 하나였다.

존경한 일본의 변호사들

선생은 민족주의자이면서 개방적인 세계주의자, 국제주의자다. 양심을 지키고 양심을 지키기 위해서 싸우는 인물, 인권을 지키기 위해 싸우는 인물을 선생은 존경했다. 양심과 인권은 국경이 없다. 선생은 일본 변호사 중에 양심과 인권을 지키고 또 지키기 위해 싸운 후세 다쓰지(布施辰治) 변호사(1880~1953)와 마사키 히로시(正木ヒロシ) 변호사(1896~1975)를 존경했다.

후세 다쓰지 변호사는 일본인으로서는 처음으로 한국에서 건국훈장 애족장을 받은 분이다. 후세 다쓰지 변호사는 일본 패전 전 재일 조선인을 변호하는 활동을 많이 했다. 그를 부르는 이름은 많다. 조선인과 일본 민중으로부터는 '조선인의 벗', '민중의 변호사', '일본 무산계급의 맹장'으로 불렸다. 일본 정부는 그를 '적색변호사, 좌익변호사'로 불렀다. 그의 묘비명은 "살아야 한다면 민중과 함께, 죽어야 한다면 민중을 위하여"였다. 자신의 인생을 온전히 민중의 해방을 위해 바친 분이다.

그 때문에 일본 정부는 그를 탄압했다. 1932년 징계재판에 회부해 변호사 자격을 박탈했다. 그 다음해에는 신문지법 위반으로 금고 3개월의 형벌을 받았다. 1939년에는 치안유지법에 의하여 징역 2년을 선고받고 변호사 등록이 말소되었다. 치안유지법에 의하여 탄압받는 민중을 변호했던 변호사가 치안유지법에 의하여 처벌받은 것이다. 이 사례는 정확하게 선생의 고난과 겹친다. 선생도 반공법으로 탄압받은 피고인을 변호했으나 바로 그 반공법으로 처벌받았다. 그리고 변호사 자격도 박탈당했다.

후세 변호사는 사회주의나 노동운동 탄압사건과 타민족 차별억압사건을 주로 변호했으며, 자유법조단 결성에 중심적 역할을 했다. 그는 조선의 독립을 위해서도 노력했다. 1919년 조선청년독립단사건 변론, 1923년 박열의 일본 황태자 암살기도사건 변론, 1923년 의열단원 김지섭 지사 변론, 1924년 관동대지진 당시 일본의 유언비어 유포 항의 등의 활동을 했다. 1926년 전남 동양척식회사 토지반환소송, 1927년 조선공산당 사건 변론도 담당했다.

그런데 후세 변호사는 한국에 아직도 잘 알려져 있지 않다. 나는 변호사가 된 이후 후세 변호사의 자료를 읽고 존경심을 가지고 있었다. 선생은 이미 1996년 내가 변호사가 된 해에 〈그 나라의 이런 변호사〉라는 글에서 후세 변호사를 소개했다. (역사의 길목에서) 인하대학교 법학전문대학원은 복도에 다른 법률가들과 함께 후세 변호사의 사진과 일대기를 소개하여 그를 기념하고 있다.

사법제도개혁추진위원회 활동이 끝나고 제법 세월이 흐른 후 선생과 잠시 대화를 할 때 후세 변호사 이야기가 나온 적이 있다. 후세 변호사를 아시냐고 물어보니 이번 일본에 가실 때 '후세 변호사를 생각하는 모임' 사람들과 만나기로 했다는 것이었다. 순간 후세 변호사 이야기를 꺼낸 것이 부끄러웠다.

마사키 히로시 변호사는 한국에 마루쇼 사건을 계기로 알려졌다. 마사키 변호사는 마루쇼 사건의 진범을 밝히기 위해 명예훼손까지 감행했다가 기소되었다. 당시 마루쇼 사건 용의자는 한국인 트럭운전사 이득현 씨였는데 마사키 변호사는 이득현 씨가 범인이 아니라고 확신했다. 그래서 마루쇼 사건의 진범은 이득현 씨가 아니라 피해자의 친척이라는 주장을 했다가 명예훼손죄로 기소되어 피고인이 되었다. 그 재판 당시 선생은 일본을 방문하여 마사키 변호사를 만났다.

1968년 봄, 도쿄의 법정에서 그분을 만나 한국인을 위해 수고해 주셔서 감사하다고 인사를 했더니 그는 이렇게 답했다.

"나는 한국인을 위해서가 아니라 우리 일본인 자신의 양심을 위해서 이 일을 하는 것입니다."

한국에 초청하겠으니 꼭 한번 오시라고 했더니 "나 혼자는 안 갑니다. 옥중의 이득현 씨가 무죄 석방된 후에 함께 가겠습니다"라고 대답하는 것이었다.

그로부터 몇 년이 지난 뒤 이득현 씨는 가석방으로 풀려나서 서울에 왔다. 그가 석방되면 함께 오겠다던 마사키 변호사는 그전에 이미 작고하셨으므로 이득현 씨 혼자서였다. (역사의 길목에서, 그 나라의 이런 변호사, 1996)

선생은 마사키 변호사를 변호사의 정도(正道)로서 존중되고 본받아야 할 사표(師表)라고 소개했다. 다음은 선생의 마사키 변호사에 대한 구체적인 평가다. 국경을 초월하여 변호사가 지향해야 할 하나의 삶을 제시하고 있다.

첫째, 원죄(冤罪)사건 피고인의 무실함을 밝히기 위해서 무료 변호에 나선 변호사가 확정판결의 재심을 겨냥하여 스스로 명예 훼손의 피고인이 되어 싸운 것은 그 결과의 여하간에 그 동기, 과정, 노력만으로도 아름다운 헌신이었다.

둘째, 민사사건 변호사로서의 역량이 인정된 그가 보수는커녕 자기 돈을 써야 하는 원죄사건의 변호만 하다가 가난하게 되고, 심지어는 출장비 마련에도 힘이 들었다는 것은 매우 감동적인 이야기였다.

셋째, 수학, 물리학, 해부학 등에 대한 지식을 가지고 증거(물증)에 대한 과학적 관찰력을 통하여 자신이 감정을 하거나, 감정에 대한 확신을 가지고 전문가에 감정을 의뢰하여 그 결과를 증거로 제출하는 등 특이한 노력을 기울였다.

넷째, 법정 밖의 언론활동(기고, 저술 등)으로 법정 변론 이상의 효과를 거두는 한편, 변호 비용을 조달하기도 하여 이중의 실리를 얻는 독특한 방식을 개척하였다. 재판 비판의 영역에서도 선도적인 노력을 하였으며, 사건의 진실에 대한 대중적 이해와 올바른 재판을 촉구하는 시민적 자각을 불러일으켰다.

다섯째, 일본의 중국 침략과 태평양전쟁에 대하여 공개적인 반전활동을 하였으며(《가까운 데서부터》라는 개인잡지 제작 배포 등), 패전 후 전쟁 책임을 놓고 천황을 비난(천황제 부정론 또는 천황 타도론)하는 등 일본의 군사적 침략 내지 군국주의에 반대하는 행동을 서슴지 않은 양심과 용기도 놀라운 바 있다.

여섯째, 그가 한국인 이득현 씨를 헌신적으로 변호하면서 "일본인의 양심을 위한 행동"이라고 말한 것도, 일본의 한국 침략과 한국인에 대한 일본인의 편견 차별을 부당시하는 양식에서 우러난 고백으로 이해한다. 이는 일본인으로서는 둔감하거나 말하기 싫어하는 집단적 수치심을 공개적으로 드러낸 신념에 찬 언동으로 평가할 수 있다. (법치주의여, 어디로 가시나이까, 마사키 히로시 변호사와 이득현 사건, 2008, 74세)

변호사 활동은 시민들의 양심과 인권을 지키기 위한 것이다. 양심과 인권을 지키는 것에는 국경이 없다. 존경하는 변호사에는 국경이 없다. 국제주의자, 세계주의자가 되지 않으면 안 된다. 우리도 일본에서 아니 세계에서 존경할 만한 변호사가 있어야 한다. 선생은 말한다.

> 일본의 진보적인 변호사 두 사람이 다같이 한국인을 위한 변호에 나선 것은 매우 음미할 만한 일이다. 물론 그런 분들은 일본 법조계 내에서도 아직 소수이거나 이단적 존재로 여겨지기도 한다. 그러나 그들이 정의와 자유를 추구함에 있어서 국경이나 민족을 가리지 않고 변호 활동을 하였듯이, 우리 또한 그분들의 남다른 실천적 정의에 국경과 국적을 가릴 것 없이 존경하는 마음을 지녔으면 한다. 일본의 재야 법조계는 그런 선각적인 지사형(志士型) 변호사들에 의해서 바람직한 전통이 확립되어 오늘에 이르렀다고 말할 수 있다. (역사의 길목에서, 그 나라의 이런 변호사, 1996)

한국을 넘어 일본과 세계에서 존경할 만한 변호사의 후보로서 지금은 선생이 가장 가깝지 않나 생각된다. 선생과 같은 훌륭한 변호사들이 많이 배출되어 세계적으로 한국의 변호사들이 존경을 받는 미래를 상상해 본다.

인권과 저작권 활동

선생의 국제주의자, 세계주의자로서의 감각은 선생의 법률 전공에서도 드러난다. 선생의 법률 전공은 민주주의와 인권을 한 축으로, 저작권을 다른 축으로 하고 있다. 여기에 대해서는 이미 앞에서 살펴본 바와 같다. 그런데 두 분야 모두 매우 국제적인 분야다.

첫째, 인권은 국민의 권리를 다루지 않고 사람의 권리를 다룬다. '사람이라면'이라는 전제에서 모든 사람에게 어떤 권리가 인정되는지를 탐구한다. 그래서 인권은 국경과 국적을 따지지 않는다. 인권의 보편성은 여기에서 나온다. 아직 우리 헌법에서는 여전히 기본권, 인권의 주체로 '모든 국민'을 규정한다. 문제가 있는 표현이다. 2018년 발의된 문재인 정부의 헌법 개정안은 기본권, 인권의 주체를 '모든 사람'으로 바꾸었다.

인권법은 출발 자체가 국제적이다. 현대 인권법의 출발은 세계인권선언(1948년)이다. 세계인권선언은 유엔이 만든 가장 영향력 있는 문건 중의 하나다. 유엔의 세계인권선언은 제2차 세계대전과 독일 나치의 유대인 학살, 일본 군국주의의 인민 탄압에 대한 반성에서 출발했다.

현대 인권의 대상은 전 세계다. 국가별 차이보다는 인간이라는 공통점을 더 중시한다. 따라서 인권법을 공부하게 되면 국제주의자, 세계주의자가 되지 않을 수 없다.

둘째, 저작권 역시 국제적이다. 영국, 미국 및 유럽의 저작권법은 1957년 한국 저작권법 제정의 기초가 되었다. 저작권의 뿌리는 베른협약이다. 선생의 '저작권 기행'에서도 나오는 협약이다.

1886년 베른협약은 저작권에 관한 최초의 다자간 국제조약으로 내국민 대우, 최소보호의 원칙 및 무방식주의를 채택하였다. 1990년대에 이르러 WTO/TRIPs협정이 그 회원국들에게 베른협약의 실체규정을 이행하는 의무를 부과하면서 베른협약은 저작권 보호의 보편적 기준이 되었다.(배대현, 저작재산권의 변화에 대한 연혁적 연구, 한국저작권위원회, 2016) 이처럼 저작권은 국제협약을 통하여 통일성을 띤다. 저작권과 관련한 국제조약만 하더라도 베른협약, 로마협약, 위성협약, 세계저작권협약, 제네바음반협약, 무역 관련 지식재산권에 관한 협정, 세계지적재산권기구 저작권 조약, 세계지적재산권기구 실연 음반조약, 시청각 실연에 관한 베이징조약, 마라케시조약 등이 있다.

셋째, 인권과 저작권은 우리 처지에서 모두 수입품이다. 지금은 법이론이 발전하여 인권과 저작권에 대한 이해가 깊어졌고 우리 현실에 맞는 인권 이론이 생겨나고 있다. 우리 인권 이론과 실무 중 일부는 세계에서 배우려고 하는 단계까지 발전했다. 당장 동아시아에서 사형제가 사실상 폐지된 국가는 우리밖에 없다.

하지만 인권과 저작권은 처음에는 외국에서 수입되었다. 인권 선진국, 저작권 선진국에서 인권 이론과 저작권 이론이 수입되었다. 한국 인권은 외국의 지원과 연대에 힘입어 발전한 측면이 강하다. 선생이 활동했던 국제앰네스티 한국지부 역시 인권 단체인데 국제앰네스티와의 연대를 통해 한국의 인권 발전에 기여했다.

선생의 법치주의 이론, 인권 인식, 정치범 논리는 모두 국제적인 동향을 참고하면서 발전했다. 물론 국내의 노력이 더 중요했던 것은 사실이다. 하지만 외국과의 연대를 애써 무시할 필요는 없다. 저작권 역시 선생의 '저작권 기행'에서 보듯 처음에는 외국에서 수입된 것이다. 저작권을 발전시킨 외국은 한국의 저작권을 지도하는 입장이었고 법과 이론을 수출하는 입장이었다.

인권과 저작권 모두 국제적이고 보편적인 성격을 띠고 있다. 법이론 중 가장 국제적인 인권과 저작권을 전공한 선생이 국제주의자, 세계주의자가 되는 것은 당연한 결과였을 것이다.

세계주의자의 인품과 자세

세계주의자는 세계주의자로서의 품위와 수준을 갖추어야 한다. 매너와 교양, 또는 품격이라고도 할 수 있다. 세계주의자의 인품과 자세가 필요하다. 세계주의자의 인품과 자세를 갖추

중국 베이징에서 개최된 아시아 최고감사기구 이사회에 참석한 한승헌 감사원장(1998년 9월)

지 못한 사람은 진정한 세계주의자가 아니다.

선생은 품위 있는 세계주의자다. 선생은 감사원장 시절 여러 국제회의에 참석했다. 그중 1998년 9월 7일부터 중국 베이징에서 개최된 아시아 최고감사기구 이사회가 있었다.

9월 11일 오후 중국 인민대회당으로 후진타오 국가부주석을 예방했다. 예상과 달리 장시간 면담했다. 후 부주석의 시종 정중하고 우호적인 응대가 고마웠다. 나는 후 부주석에게 김대중 대통령께서 내게 부탁하신 인사 말씀을 먼저 전했다. 그리고 얼마 전 중국의 대홍수 때 인민해방군이 몸으로 재해를 막고 인명 구출에 나서는 장면을 TV에서 보고 크게 감동했다는 이야기를 했다. 금방 분위기가 훈훈해지고 많은 이야기가 오갔다.
(한 변호사의 고백과 증언)

선생은 상대의 입장에서 회의를 준비했다. 상대의 입장에 선다는 것은 매우 어려운 일이다. 그것도 외국 정상의 입장에서 그 나라의 장점을 발견하고 격려하고 칭찬하는 것은 더욱 어렵다. 선생은 하나하나의 회의에 그만큼 준비를 많이 했다. 그 후 선생은 베트남을 방문했으며, 이때는 더 많은 준비를 했다.

9월 17일 누엔딴중 제1부수상을 방문했다. 모두 발언에 이어 나는 《호치민 평전》의 한 대목을 언급했다. "위대한 호치민 선생께서는 다음과 같은 유훈을 남기셨습니다." 이 말이 떨어지자 베트남 측 고위관리들은 반사적으로 자세를 바로잡더니 긴장하는 표정이 역력했다.

"호치민 선생께서는 '나의 소망은 자주적이고 통일되고 민주적이며 번영된 조국을 건설하는 것입니다'라고 말씀하셨습니다. 이제 귀국은 호치민 선생이 염원하신 자주적 통일국가는 이룩하셨고 지금은 번영된 국가를 건설하는 단계에 있습니다.

바로 이 번영을 위한 경제건설에 한국 기업이 큰 몫을 할 수 있도록 배려해 주시면 감사하겠습니다."(한 변호사의 고백과 증언)

민족주의자든 세계주의자든 삭막한 사람이 많은 것이 현실이다. 자신의 이익만 생각하고 상대를 배려하는 사람이 적은 것이 사실이다. 역지사지의 입장에서 문제를 접근하고 마음을 여는 사람은 더욱 적다.

국제주의자는 무릇 국제 정세와 타국의 역사와 문화에 밝아야 한다. 그래야 상대를 더 잘 이해하고 이쪽의 입장을 더 잘 전달할 수 있다. 베트남 회의에서 선생이 호치민을 언급한 이후 선생의 감상이 있다. "그분처럼 절대적 추앙을 받는 민족의 지도자가 우리에겐 누가 있을까."(피고인이 된 변호사, 호치민의 유훈, 2002, 68세) 선생에게서 진정한 국제주의자의 인품과 자세를 발견한다.

7. 창조와 기록의 균형

역사를 기록하고 알려야 한다는 사명감

선생의 삶의 또 다른 주안점은 기록이다. 그렇다고 창조, 현장의 삶이 부족하다는 것은 절대 아니다. 앞에서 본 바와 같이 선생의 삶은 창조의 삶이다. 높은 지적 호기심과 성실함을 바탕으로 항상 정진하는 삶을 살아왔다. 민주주의와 인권, 법치주의를 바탕으로 분단시대의 피고인들을 위해 변호해 왔고 직접 민주화투쟁에 나섰다. 민주화 이후에는 동학농민혁명기념사업회와 같은 시민단체에서 활동했다. 민주정부에서는 감사원장, 사법제도개혁추진위원회 활동을 했다. 누구보다 많은 활동을 했고 누구보다 많은 성과를 냈다.

이 모든 과정에서 선생은 기록을 했다. 이것이 다른 변호사,

투쟁가와 다른 점이다. 문인으로서 글쓰기에 친숙한 것도 이에 기여했을 것이다. 하지만 그것보다는 기록을 해야 한다는 의무감이 크게 작용했다. 분단시대의 피고인들이 싸웠던 정치 현실, 재판현실을 정리하고 기록함으로써 세상에 알려야 한다는 사명감이 선생에게는 있었다.

그동안 나는 많은 사건을 변론했다. 그중에서 독재정권 하의 탄압과 저항을 본질로 하는 시국사건 내지 정치적 사건들은 당시의 기구했던 반민주·반인권 구도를 극명하게 보여 주는 역사의 치부이자 상처로서 쉽게 잊혀질 수가 없다. 그것들은 수사나 재판의 대상이 되었던 당사자들의 액운이나 불행에 그칠 수 없는 역사성과 보편성을 띤 사건들이었기 때문에 우리 국민, 우리 역사가 반드시 기억해야 할 유산이라 하겠다.

내가 법정의 변호인석을 지킨 또 하나의 이유는 그처럼 문제가 많은 재판의 허상을 세상에 널리 알리는 '증언자'가 되자는 것이었다. 앞서의 여러 동인(動因)이 변호 활동 당시의 과제였다면, 방금 말한 '증언자'의 소임은 재판 후에 내가 감당해야 할 숙제로 남게 되었다. 그리하여 나는 분단시대, 독재 치하의 사법현실과 관련하여 간헐적·단편적으로나마 '변호인의 증언'에 해당되는 글을 적지 아니 써왔다. (분단시대의 법정, 2006, 72세)

나는 법정에서 진실과 법이 통하지 않는 현실을 수없이 겪고 개탄하면서, 그렇다면 훗날 기록을 통하여 국민과 역사 앞에 실상을 알려야겠다고 마음먹었다. (한 변호사의 고백과 증언)

이렇게 선생의 기록은 시작되었고 역사를 기록했다. 선생은 1960년대부터 2010년대까지 50여 년 동안 꾸준히 역사를 정리하고 기록하고 출판했다. 그 성과는 한국의 현대사, 재판의 역사, 분단시대의 역사, 의로운 피고인들의 역사가 되었다.

놀라운 기록의 양과 질

선생의 기록은 양과 질에서 그 어떤 개인보다 많고 뛰어나다. 질이야 선생의 삶이 다양한 분야에서 '세상의 끝' 가까이 가보았기 때문에 당연히 높지만 먼저 양으로 사람을 압도한다. 작은 연구소 수준의 분량이다. 기념의 의미에서 선생이 스스로 정리한 저서를 기록해 둔다. 기록은 이런 경우에도 필요하다.

1. 인간귀향(시집), 미림, 1961
2. 노숙(시집), 문학사, 1967
3. 법과 인간의 항변, 한얼문고, 1972
4. 위장시대의 증언, 범우사, 1974

5. 어느 누가 묻거든(문고판), 범우사, 1977

6. 알기 쉬운 생활민법, 중앙일보사, 1978

7. 내릴 수 없는 깃발을 위하여, 삼민사, 1983

8. 유신체제와 민주화운동(공저), 돌베개, 1984

9. 허상과 진실, 삼민사, 1985

10. 법창에 부는 바람, 삼민사, 1986

11. 내 인생에 새 노래가 있다면, 자유시대, 1986

12. 저작권의 국제적 보호와 출판, 한국출판연구소, 1987

13. 저작권의 법제와 실무, 삼민사, 1988

14. 갈망의 노래(문고판), 범우사, 1990

15. 그날을 기다리는 마음, 범우사, 1991

16. 정보화시대의 저작권, 나남, 1992

17. 현대사회와 출판(공저), 말길, 1993

18. 정치재판의 현장, 일요신문사, 1997

19. 韓國の政治裁判(日), サイマル出版會, 1997

20. 법이 있는 풍경, 일요신문사, 2000

21. 내 마음속의 그들(문고판), 범우사, 2002

22. 역사의 길목에서, 나남, 2003

23. 산민객담─한승헌의 유머산책, 범우사, 2004

24. ある辯護士のユーモア(日), 東方出版, 2005

25~31. 한승헌 변호사 변론사건실록(전7권), 범우사, 2006

32. 분단시대의 법정, 범우사, 2006

33. 한승헌 변호사의 유머기행, 범우사, 2007

34. 分斷時代の法廷(日), 岩波書店, 2008

35. 법창으로 본 세계명작(문고판), 범우사, 2008

36. 한승헌 감사원장 연설문집, 감사원, 1999

37. 한 변호사의 고백과 증언, 한겨레출판사, 2009

38. 스피치의 현장, 매일경제신문사, 2010

39. 한승헌 변호사의 유머수첩, 범우사, 2012

40. 韓日の現代史と平和・民主主義(日), 日本評論社, 2013

41. 피고인이 된 변호사, 범우사, 2013

42. 권력과 필화, 문학동네, 2013

43. 한국의 법치주의를 검증한다, 범우사, 2013

44. 재판으로 본 한국현대사, 창비, 2016

45. 한승헌 수필선집, 지식을만드는지식, 2017

46. 법치주의여, 어디로 가시나이까, 삼인, 2018

47. 그분을 생각한다. 문학동네, 2019

　　선생의 저서는 한 명이 썼다고 보기 어려울 정도로 양이 많
다. 물론 이 중에는 과거에 쓴 글을 편집한 글도 있고 같은 내용

을 다른 형식으로 정리한 글도 있다. 특히 선생의 자전적인 글은 반복되는 면이 있다. 그렇지만 이러한 반복을 감안하더라도 선생의 글은 양에서 다른 이들을 압도한다.

선생의 글의 질적인 측면을 살펴보자. 선생의 글은 크게 다음과 같이 나눌 수 있다.

1. 분단시대 피고인들을 변론한 재판의 내용과 변론서
2. 민주주의, 인권, 법치주의에 관한 논문
3. 필화사건을 중심으로 한 언론과 표현의 자유에 대한 논문과 에세이
4. 분단시대 피고인들의 인생에 대한 기록
5. 유머, 해학에 대한 에세이
6. 선생의 자전적 기록
7. 강연, 연설, 인터뷰
8. 저작권 관련 전문서적

선생의 삶만큼 글의 내용도 풍부하다. 전문적으로 전문서적이나 논문을 써야만 하는 교수나 박사들보다 더 다양하고 더 풍부한 내용을 담고 있다. 특히 선생의 글은 개인의 경험을 보편적인 경험으로 공유하고 승화시키는 특징이 있다. 선생은 보통

의 법조인, 보통의 문인, 보통의 지식인과는 다른 삶을 살았지만 그 삶에는 보편적인 삶이 포함되어 있었다.

한 분야에서 '세상의 끝' 가까이 가면 진리를 보게 된다. 이때 진리는 세 가지 요건을 충족해야 한다. 절대성, 보편성, 불변성이다. 고대로부터 진리는 상황에 따라 다르지 않고 어떤 경우에도 하나의 본질에서 나와야 한다는 절대성, 우주 어디에서든 통용되어야 한다는 보편성, 그리고 시대와 상황에 따라 변하지 않고 언제 어디서든 같아야 한다는 불변성을 특징으로 했다. 따라서 진리를 본 사람 역시 절대성, 보편성, 불변성을 특징으로 한다.

하지만 상대주의 철학이 지배하고 있는 현대 사회에서는 진리의 절대성, 보편성, 불변성이 흔들린다. 현대 사회와 현대인들은 진리의 절대성, 보편성, 불변성을 인정하지 않는다. 그렇지만 진리를 가까이에서 본 사람, '세상의 끝' 가까이 간 사람의 마음과 말과 행동은 현대 사회의 어떤 다른 현상보다 절대, 보편, 불변에 가깝다. 선생의 마음과 말과 행동을 정리한 기록이 지금도 많은 사람들에게 감동을 주는 것은 완전히는 아니지만 진리를 보았고 알았기 때문이다. 절대성, 보편성, 불변성을 그 어떤 기록보다 많이 갖추고 있기 때문이다.

기록의 의미

선생은 "지난날에 대해서 눈을 감는 사람은 현재에 대해서
도 맹목인 사람이다"라는 바이체커 전 독일 대통령의 말을 자주
인용한다. 과거를 기억하지 않으면 현재와 미래도 없다. 그래서
기록이 중요하다. 과거의 모든 행위는 기록되지 않으면 사라진
다. 역사는 승자의 기록이라는 것은 승자가 패자의 기록을 없애
고 자신의 기록만을 남겼기 때문이다. 지금이야 기록 수단이 너
무 많아 기록이 문제가 되지 않는다고 생각할 수도 있다. 하지만
정작 중요한 내용이 기록되지 않는 경우가 많다. 현대 사회에서
넘쳐나는 것은 의미 있는 역사가 아니라 쓸모없는 정보다.

역사를 만드는 것이 무엇보다 중요하다. 지금 바로 여기에
서 불의에 저항하여 정의와 공정을 실현하는 것, 윤리적인 사회
를 만드는 것이 가장 중요하다. 사람이 쓰러졌을 때, 건물에 불
이 났을 때 기록을 한다고 사진을 찍고 있어서는 안 된다. 사람
부터 구해야 하고 불부터 꺼야 한다. 그렇다고 기록의 중요성이
사라지는 것은 아니다. 기록하지 않는 자는 역사에 의미를 남길
수 없다. 기록은 역사를 계승하고 역사를 전달한다. 이렇게 전달
된 역사는 전통을 이루어 집단의 기억이 된다. 집단의 기억이 될
때 기록은 목적을 달성한다. 동양인의 집단적 기억에는 유교, 불
교, 도교 등이 있다. 선비의 정신, 문사철의 중요성도 있다.

현대 한국 사회의 민주주의 전통은 집단의 기억으로 계승되어 왔다. 한국인들이 강한 민주주의 의식을 가지고 있는 것은 1960년 4·19월혁명, 1970년대 반유신 투쟁, 1980년 광주항쟁, 1980년대 반독재 민주화투쟁, 1987년 6월항쟁, 2016년 촛불혁명 등이 있었기 때문이다. 과거의 민주화투쟁은 재해석을 통하여 기록되고 기억되었기 때문에 지금도 영향을 미치고 있다. 지금 한국인의 집단적 기억을 형성하는 것은 바로 기록된 역사다.

기록은 역사를 재해석하고 충실하게 만든다. 기록은 과거의 행위를 정리하면서 이를 다시 재해석하는 작용이다. 재해석이 없는 역사는 의미가 없다. 동양에서 중세까지 가장 영향력이 큰 역사책이 공자의《춘추》였던 것은 역사가 해석의 대상이라는 점을 잘 보여 준다.

선생의 기록은 기억을 위한 것이다. 기록이 없다면 기억이 없고 기억이 없다면 현재도 없고 나아가 미래도 없다. 과거에 얽매여서는 안 되지만 과거를 정확히 알아야 한다.

요즘 사람들은 100년, 200년 전 역사는 고사하고 10년, 20년의 일도 까맣게 모르거나 잊고 사는 경우가 많습니다. 과거를 정확히 안다는 것과 과거에 얽매이는 것 그리고 과거에 대한 맹목은 서로 다릅니다.

역사를 돌아보자는 것은 과거에 얽매인 채 살아가라는 뜻이 아니라 적어도 '맹목(盲目)'을 벗어던지기 위한 최소한의 기본자세입니다. 그리고 그 일은 지금과 같은 민주주의 세상이 오기까지의 역정을 되돌아보면서 동시에 지금의 우리 속에서 '청산할 것'과 '되살릴 것'을 진지하게 탐색해 보는 작업이기도 합니다. 그리고 공동선(共同善)의 실현을 위해서도 올바른 역사 인식은 분명히 선행되어야 합니다.

지금 우리나라 역사 교육은 날로 퇴행일로에 있습니다. 일본의 교과서 왜곡이나 중국의 동북아 공정 등이 역설적으로 우리에게 올바른 역사 인식과 역사 연구의 중요성을 되짚게 해 주었습니다. 우리는 이러한 역설적 현상을 반성해야 되며, 학교에서부터 제대로 된 역사교육이 이루어져야 하며, 각종 시험에서도 역사 과목이 부활되어야 합니다.

과거사 규명은 역사 속의 불의(不義)와 의혹, 매몰된 진실을 밝혀 내어 그 진상을 확인하고 진실을 기록하는 일입니다. 현재 진행되고 있는 과거사 청산은 책임을 묻고 처벌하는 차원이 아니라 매우 온건한 '진실 규명'의 차원에서 진행되고 있는데, 독일의 경우는 우리와 달리 공소시효제도를 폐지하고 나서 지금까지도 나치 지도자들을 잡아다가 처벌하고 있습니다.

과거사 진상 규명을 통해 비뚤어지거나 묻혀 버린 우리 역사를 바로세우는 한편, 역사의 바른 기록을 통하여 거기서 새로운 반성과 교훈을 찾아야 할 것입니다. 역사는 물과 같이 흐르기만 하는 것이 아닙니다. 거기에는 물의 흐름과 같은 '연속'도 있지만, 난데없는 '단절'도 있고 흙탕물도 있는데, 과거사 바로알기는 그래서 필요한 준설작업이기도 하지요. (한국의 법치주의를 검증한다. 양극화 시대와 법의 역기능─〈우리길법〉과의 대담, 2006, 72세)

한편, 기록은 사람의 행위를 조심하게 만든다. 자신의 마음, 말, 행동이 기록된다면, 기록되어 역사가 된다면 이를 조심하지 않을 사람이 없을 것이다. 조심을 넘어 완벽하게 하려고 노력할 것이다. 기록은 객관성을 생명으로 하기 때문에 자의적이지 않다. 행위자의 마음, 말, 행동을 행위자 중심으로 기록하지 않는다. 자신이 아무리 뛰어난 왕이라 주장해도 중국 하나라의 걸왕, 은나라의 주왕은 폭군이었다. 중국이라는 천하를 통일한 진시황도 자기 생각과는 달리 폭군으로 기록되어 있다. 후세대들이 자신을 폭군으로 기록하고 기억한다고 생각했다면 감히 그렇게 행동하지 않았을 것이다. 냉정한 사관에 의해 정리되는 기록을 생각하는 순간 마음, 말, 행동을 조심하는 것은 당연한 현상이다.
　　기록의 막중한 역할을 선생은 잘 알고 있었다. 그것은 동양 지식인 사회가 갖는 높은 기록문화에서 비롯된 것이리라. 기록문화를 몸에 익혔던 선생은 수많은 기록물을 생성함으로써 기록문화를 발전시키는 역할을 했다. 법조인, 문인, 지식인으로서 선생의 기록정신이 널리 퍼져야 함은 말할 것도 없다. 선생은 기록이라는 측면에서도 '세상의 끝' 가까이 가 보았다. 그리고 자신의 마음과 말과 행동을 꼼꼼히 기록함으로써 창조와 기록의 균형도 달성했다.

기록과 과거사 정리

기록은 곧 과거사 정리로 이어진다. 과거사 정리는 불행했던 한국 역사를 정리하는 의미뿐 아니라 미래의 과제도 제시한다. 과거사 정리는 과거를 대상으로 하지만 결론은 항상 미래지향적이다. 미래지향적 정의를 목표로 한다.

과거사 정리가 불행한 과거의 진실을 밝히고 피해자의 억울함과 한을 풀어 주는 것에서 시작하는 것은 당연하다. 가해자도 밝혀내야 한다. 가해자의 반성과 사죄가 있으면 좋지만 이것이 없더라도 과거사 정리의 의의가 약화되지는 않는다. 중요한 것은 미래지향적 결론이다. 과거사를 잘 기억하고 이를 미래세대에 전달하는 것이 중요하다. 단순한 전달이 아니라 그 의의를 잘 전해야 한다. 기록과 기억은 항상 과거사에서 중요한 위치를 점한다. 제도개혁 역시 필요하다.

선생의 저서 중《법치주의여, 어디로 가시나이까》(2018)가 있다. 이 책은 선생이 2000년대 이후 행한 강연, 강의, 인터뷰, 대담 등을 정리한 것이다. 특히 젊은 법조인을 대상으로 한 강연과 강의가 중심을 이룬다. 자신의 역사를 젊은 법조인 등 사회에 전달하려고 하는 선생의 심정이 느껴진다.

《법치주의여, 어디로 가시나이까》는 한국의 법조 역사를 잘 요약하고 앞으로의 과제를 잘 정리했다. 여기에서 선생은 "역사는 유식한 사람들에 의해서가 아니라 의로운 사람들에 의해서 바로잡히고 또 발전되어 왔다는 점을 잊지 말아야 한다"(한국 법조의 전통과 풍토—사법연수원 신임형사재판장 연수 특강, 2007, 73세)고 말하고 있다. 명심해야 할 역사 인식이다.

과거사 정리는 개인의 기록과 노력으로 이루어질 수도 있지만 집단적·국가적 차원에서 이루어지는 것이 더 바람직하다. 다행히 한국에는 과거사 정리의 전통이 있다. 한국의 과거사 정리는 민주화와 깊은 관련이 있다. 한국의 과거사는 식민과 전쟁, 내전과 국가폭력으로 구성되어 있다.

이 중 특히 중요한 것은 식민과 국가폭력이다. 일본에 대한 독립전쟁은 식민에 포함되고, 한국전쟁이라는 내전은 남북관계 발전과 함께 해결해야 할 문제다. 일제 강점기의 친일파 청산과 군부독재시대, 분단시대의 국가폭력 문제는 과거사의 핵심을 이루고 있다. 여기서 친일파 청산은 큰 저항이 없다고 할 수 있다. 물론 일부의 저항은 있지만 대세는 아니다. 청산을 해야 하지만 민족의식이 고취되면 자연스럽게 해소되는 부분도 있다.

하지만 군부독재시대, 분단시대의 국가폭력 문제는 반대도 심하고 당장 해결하지 않으면 안 되는 과거사다. 피해자들이 아직 살아 고통을 받고 있을 뿐 아니라 불법적인 행동과 판결이 마치 합법과 정의인 것처럼 행세하고 있기 때문이다. 군부독재시대의 과거사는 의도적으로 청산하지 않으면 끝나지 않는다. 불법은 신속하게 끝내야 한다.

과거사 정리는 민주정부 들어서 크게 진전되었다. 실질적인 출발점은 김대중 대통령의 후보 시절 공약이었다. 김대중 대통령은 제주4·3사건에 대한 진상규명과 피해회복 등 과거사 정리를 공약하고 이를 실천했다. 노무현 대통령은 2004년 8월 15일 광복절 연설에서 국가기관의 과거사 정리를 역설했고, 이를 계기로 국가적인 과거사 정리가 본격 시작되었다. 국가정보원, 경찰 등 권력기관의 과거사 정리는 국가적인 과거사 정리로 발전했다. '진실·화해를 위한 과거사정리위원회'의 설치와 활동으로 한국의 과거사 정리는 세계가 주목하는 사건이 되었다.

과거사 정리와 관련하여 김영삼 대통령의 역사바로세우기, 일제 조선총독부 건물 해체도 중요한 계기가 되었다. 다만 김영삼 대통령의 일제 청산은 충분하지 못했고 해방 이후의 국가폭력 문제를 포함하지 못했다. 군부독재 세력과 합당했던 김영삼 정부의 한계 때문이다.

과거사 정리를 통하여 억울하게 유죄판결을 받은 사람들은 재심을 통해 무죄판결을 받았다. 아무리 무죄를 받아도 잃어버린 생명과 인생은 회복되지 않지만 공식적으로는 그들의 명예와 인권은 회복되었다. 과거사 정리는 피해자들의 억울함과 한을 푸는 계기가 되었다. 나아가 공동체 차원에서 국가폭력, 과거사에 대하여 공식적으로 사과와 인정을 했다. 국가를 대표한 대통령의 사과, 관계 부처 최고책임자의 사과가 그것이다. 그리고 과거사 정리를 바탕으로 미래를 전망하는 계기도 확보했다.

선생은 마치 과거사 정리를 예상한 것처럼 기록하고 또 기록했다. 그리고 기록을 널리 알려 나갔다. 분단시대의 현실, 분단시대의 피고인들, 분단시대의 변호사들의 활동을 기록했다.

선생의 기록은 특징이 있다. 특정 개인의 억울함과 한을 푸는 것에 목적이 있지 않았다. 시대 상황을 기록함으로써 후대들에게 당시 상황을 전달하는 것이 목적이었다. 기록을 통해 민주주의와 인권, 법치주의를 제대로 고찰하고 발전시키는 것이 목적이었다. 선생의 기록이 선생의 창조적 활동, 변론, 투쟁만큼 중요한 것은 바로 기록과 활동의 목적이 같았기 때문이다.

8. 자부심과 겸손의 균형

    선생은 '자부심'과 '겸손'이라는 두 가치를 참으로 멋지게 균형 있게 실현한다. 보통 자부심과 겸손은 서로 상반된다. 자부심이 강한 사람, 성공의 길을 달려온 사람, 치열하게 살아온 사람은 거만한 경우가 많다. 자신이 옳고 다른 사람은 틀렸다고 생각하는 경우가 많다. 특히 정부 고위직이나 기업 CEO 출신들이 이런 경우가 많다. 굳이 겸손할 필요가 없기 때문이다. 그렇지만 당당한 것과 거만한 것은 다르다.

    겸손도 과하면 비굴함이 된다. 겸손하되 당당함을 잃지 않는 것이 필요하다. 당당하되 거만하지 않고, 겸손하되 비굴하지 않는 삶을 사는 것은 참으로 어렵다. 어쩌다 한두 번 이렇게 행동하는 것은 있을 수 있다. 하지만 일생을 통해 이 균형을 실현하는 것은 어려운 일이다. 선생은 이 어려운 균형을 멋지게 이루고 있다.

선생은 자신의 마음, 말, 행동을 숨기지 않는다. 그러나 과장하지도 않는다. 다만 있는 그대로 담담하게 정리할 뿐이다. 그래서 선생은 거만하지 않고, 남을 우습게 여기지 않고 자부심과 당당함을 잘 드러낸다. 오히려 겸손을 통해 자신의 자부심, 당당함을 정확히 표현한다. 선생은 자서전에서 자신을 다음과 같이 낮추었다.

돌이켜보면 나는 이 세상에서 '주전 멤버'는 아니었다. '어시스트'를 주로 한 셈이었다. 축구로 말하면 득점과 그에 따른 함성은 내 몫이 아니었다. 아니, 어쩌면 실점의 위기를 막아내야 할 수비수이기도 했다. 그런 소임은 화려한 주역은 아닐지라도 누군가가 맡고 나서야 할 소중한 배역이라고 생각했다.

그런 의미에서 이 자서전은 얼마쯤의 역할 자각이 깔린 '세상 도우미의 노래'이자 '수비수의 비망록'이라고 할 수 있겠다. 이 노래와 비망록에는 자부심과 보람도 담겼지만 아쉬움과 부끄러움도 묻어 있다. (한 변호사의 고백과 증언)

과연 누가 선생을 분단시대의 '주전 멤버'가 아니라고 할 수 있겠는가. 누가 '도우미'라고 할 수 있겠는가. 젊은 시절 일시적인 경력으로 정치권에서 자리를 꿰차고 있는 사람들이 많은 현실에서 선생의 담담함과 겸손은 더욱 빛을 발한다. 선생의 담담함과 겸손함, 그리고 그 속에 담긴 내면의 당당함을 김동길 교수는 다음과 같이 표현했다.

나는 한 변호사의 정의감을 언제나 높이 평가한다. 그에게 말하는 재주, 글 쓰는 재주가 뛰어난 사실이 이 나라의 민주화 운동에도 크게 유익했다고 본다. 그의 작은 몸짓에는 역사 속에 그 이름을 남긴 의사·열사의 기질이 듬뿍 들어 있어 불의를 보고 참지 못하는 독특한 성격을 지니고 있다.

물론 정의감이 남달리 강한 사람들이 한 변호사 외에도 있는 것이 사실이지만 그들은 대개 지나치게 자신의 정의감을 남에게 보이려고 애쓰기 때문에 오히려 역효과가 나는 수가 많다. 그러나 한 변호사는 남들에게 자신의 정의감을 과시하는 일이 없다. 나는 그가 어느 누구와도 다투는 모습을 본 적이 없고 남을 헐뜯어 가면서 과소평가하는 것을 본 적이 없다. 표정은 언제나 잔잔하고 담담하여 희로애락의 감정을 되도록 표출하지 않는 군자다운 모습이 그에게 있다.

그러나 어떤 일이 있어도 원칙만은 양보하지 않는 그의 고집

(…) 그런 의미에서 그는 이 시대가 낳은 가장 무서운 정의의 투사 중 한 사람이다. (분단시대의 피고들, 김동길—15년 징역에 항소 포기)

선생의 겸손함은 두 번에 걸친 감옥 생활에 대한 묘사에서 잘 드러난다. 선생의 글을 읽어 보면 감옥 생활에 대한 자세한 설명은 나오지 않는다. 마치 스치듯 담담하게 설명할 뿐이다. 다음은 1975년 수감 당시의 상황에 대한 선생의 설명이다.

그 다음날인 3월 21일 밤, 나는 서울 시내의 한 집회 장소에서 잠깐 문 밖으로 나왔다가 대기 중이던 중정 차량에 실려 '남산'으로 압송되었다. 그리고 전에 조사받은 글 〈어떤 조사〉의 용공성 여부를 놓고 다시 설전을 벌인 후 정식 구속되어 검찰로 송치되었다. 문제의 글을 쓰기 전에도 나는 생명과 형벌 문제를 다룬 글을 써 왔고, 한국앰네스티의 사형폐지 건의문을 작성하는 등 캠페인을 주도한 바 있다는 사실도 밝혔지만 아무 소용이 없었다.

서울구치소로 실려가서 이른바 입소 절차를 밟았다. 푸른색 수의(囚衣)로 갈아입은 다음 플라스틱 식기와 대나무 젓가락 두 개를 들고 교도관을 따라가서 그가 열어 주는 감방문 안으로 들어가자 등 뒤에서 덜컹하는 소리와 함께 문이 닫혔다.

이렇게 해서 나의 수감생활은 시작되었다. 가족 접견도 서적 차입도 모두 '불허'라고 했다. 거기에다 독방이고 보니 절대고독 그 자체였다. 시간과의 대치 상태가 나를 힘들게 했다. 오스카 와일드가 〈옥중기〉에 썼듯이 하나의 긴 순간으로서의 고난, 전진하는 것이 아니라 맹목적으로 회전할 뿐인 시간 그 자체와 마주해야 하는 운명이 시작되었다.

어느 날 밤늦은 시각에 완전히 폐방(閉房)된 후인데도 인기척이 있어 방문 쪽을 보니, 누군가가 플라스틱 식기를 들이밀고 사라졌다. 그 안에는 우유에 찐빵 두 개가 떠 있었다. 미스터리 소설 같은 일이었다. 날이 샌 뒤 알게 된 사실인데, 같은 사동(舍棟) 끝 방에 있는 사형수가 내가 사형폐지를 주장하는 글을 썼대서 잡혀온 것을 알고 감사의 뜻으로 보낸 것이었다. 나의 글 한 편으로 자기 운명이 달라지는 것도 아닌데 그런 호의를 표시하다니. 나는 숙연해지고 말았다. (한 변호사의 고백과 증언)

선생은 감옥에서 겪은 고초를 제대로 설명하지 않는다. 많은 사람들이 궁금해하는 일을 침묵하고 있다. 사람들은 원래 담벼락 안에서 벌어지는 일을 궁금해한다. 청와대가 사람들의 관심의 대상이 되고 정부 고위직 인사의 행태에 관심을 갖는 것은 이들과 대중 사이에 담벼락이 있기 때문이다. 뭔가 중요한

김대중 전 대통령과 시인 김지하 씨의 변호인이었던 한승헌 변호사가 반공법 필화사건의 피고인이
되어 법정에 섰다(1975년).

일이 벌어지는 것 같은데 알려지지 않기 때문이다.

같은 이유로 감옥 안의 생활을 사람들은 궁금해한다. 특히 감옥의 잔혹한 상황을 궁금해한다. 하지만 선생은 이를 말하지 않는다. 선생이 만일 자세히 묘사했다면 사람들의 궁금증은 해소되겠지만 이것이 또 다른 자랑, 거만함이 될까 선생은 두려워했을 것이다. 그리고 종교인으로서 민족의 아픔을 함께 겪는 자세를 견지했기 때문일 것이다.

다음은 1980년 '김대중내란음모사건' 당시 수감되었던 상황에 대한 설명이다. 역시 매우 짧을 뿐 아니라 마치 다른 사람의 일인 양 적고 있다. 자신이 겪은 일이 아무것도 아닌 것처럼 느껴진다. 그러나 이 사건은 전두환 일당에 의한 내란음모조작사건이다. 내란음모를 조작해야 하므로 얼마나 강압적이고 폭력적이고 불법적이었겠는가. 단순한 학생 데모사건도 몽둥이 찜질이 예상되는 시대에 내란음모로 김대중 대통령을 죽이려고 했으니 그 폭력의 정도는 상상하기 어렵다. 그런데도 담담히 쓰고 있을 뿐이다. 선생의 절제력은 놀라운 정도다. 이 절제력은 고문 과정에서도 발휘되었을 것이다.

나는 그들의 억지 씌우기에 정면 부인으로 대응했다. 다른 방에서도 큰 소리가 들리는가 하면, 고함과 비명소리가 간헐적으로 이어졌다. 억지 조작의 감초로 고문·날조가 필수과목처럼 되어 있는데, 그런 만행이 주는 분노와 두려움의 한복판에 우리가 놓여 있었다.

　나처럼 허약한 사람에게도 그런 수순은 예외 없이 적용되었다. 주먹질, 발길질, 침대봉 세례, 무릎 안쪽에 각목 끼워 넣고 짓누르기…. 점잖게 명사로만 나열해도 이렇다. 여기에 동사, 형용사, 부사까지 등장하면, 말하는 사람이 오히려 치욕스러워진다. 그런 일진광풍 속에서 그들은 조서라는 것을 꾸몄다. 왜 '조서를 꾸민다'는 말이 생겼는지 절실히 알게 되었다. "고개를 끄덕였다" 혹은 "묵묵부답이었다"라는 말이 구차한 설전과 타협의 흔적으로 조서에 끼어들기도 하였다. (한 변호사의 고백과 증언)

　지하실 계단을 오르고 또 올라와 지상으로 나온 순간, 외계의 햇볕과 7월의 하늘이 내 시야를 걷잡을 수 없이 흔들어 놓았다. 지금 내가 어디로 끌려가는지도 깜빡 잊은 채, 우선 하늘을 쳐다보게 된 것만이 그렇게 반가웠다. M16을 든 헌병과 어느새 내 손에 채워진 수갑을 의식한 것은 조금 뒤의 일이었다. (한 변호사의 고백과 증언)

선생의 겸손과 절제는 감사원장 시절에도 발휘된다. 감사원장이 되었을 때 선생은 임기를 채울 수 없었다. 감사원장의 임기는 4년이지만 선생이 감사원장이 되었을 때 이미 64세였고, 감사원장의 정년은 65세였다. 감사원장의 정년 연장 논의는 오래전부터 있어 왔다. 선생도 감사원장 정년을 70세로 연장하는 것에 동의했다. 그러나 본인이 정년을 연장하고 임기를 다 채우는 것은 선생의 인품에 어울리는 것이 아니었다.

> 감사원장의 수장다운 식견, 경험, 경륜 등을 생각한다면 정년을 65세에서 70세로 늘려야 한다는 의견에 타당성이 있었다. 나는 감사원장의 정년 연장이 되더라도 종전 규정대로 65세에 퇴임하겠다는 점을 미리 신문·방송 등에서 공언해 놓고 법개정을 추진했다. (한 변호사의 고백과 증언)

이후의 스토리가 있다. 김대중 대통령은 감사원법 개정 당시의 감사원장에게는 70세 정년 조항을 적용하지 않는다는 부칙에 반대했다. 하지만 선생은 양보하지 않았다. 감사원법은 원안대로 국무회의에서 통과되었다.

문제는 아직 남아 있었다. 국회에서 당시 한나라당이 반대했다. 그런데 반대 이유가 정년 연장에 반대하는 것이 아니었다. 오히려 개정 당시 감사원장에게 정년 조항을 적용하지 않는다는 부칙을 삭제하자고 하면서 개정안에 반대했다. 이유는 특정인 한 사람만의 이익 아닌 불이익을 위한 부칙은 넣지 않는 것이 옳다는 것이었다. 당시 한나라당 이회창 총재의 지침이라면서 한나라당 법사위 간사가 설득했다. 선생은 한나라당의 설득을 다시 설득하여 감사원법은 원안대로 개정되었다. 그리고 선생은 자신이 만든 부칙에 따라 감사원을 떠났다.

정부 고위직, 기업 임원 등이 미련을 가지고 자리를 계속 지키는 것이 최근의 경향인 것 같다. 육체적으로 늙고 병들고 있는데도, 정신적으로 새로운 시대의 요구를 제대로 인지하지 못하는데도 계속 자리를 지키고 더 높은 자리를 탐한다. 욕심이다. 이 욕심의 끝에는 항상 불행이 따른다. 이 진리를 잘 보여 주는 사람은 바로 박정희 전 대통령일 것이다.

중요한 것은 겸손과 절제라는 미덕이다. 충분히 자신의 자리에서 의미 있는 일을 했다면 후배에게 자리를 물려주는 것이 좋다. 자리에 대한 겸손과 절제는 바로 이런 생각을 말한다. 최근 노익장을 발휘한다고 하면서 자리에 욕심을 부리는 사람들에게 선생의 태도는 큰 귀감이 된다.

선생은 기록을 하면서도 그리고 기록을 출판하면서도 당당함과 겸손의 균형을 잃지 않는다. 자신의 삶이 소중하다는 것을 밝히면서도 기록과 증언이 자신의 책무임을 겸손하게 밝히고 있다. 참으로 자부심과 겸손의 균형으로 일관된 삶이다.

　적어도 머리에 먹물이 좀 들어 있다는 지식인으로서, 특히 사회정의와 인권을 들먹이는 변호사로서 저 험난한 역사의 가시덤불을 헤치고 살아온 사람이라면 동시대와 다음 후대를 위한 증언자와 기록자로서의 책무가 있다고 믿는다. 자신의 삶과 생각을 개인적 영역에 묻어놓고 겸손을 내세우기보다는 사적 경험과 사유(思惟)의 공유가 더 의미 있는 일이라고 생각한다. (법치주의여, 어디로 가시나이까, 험난한 역사를 증언할 지식인의 책무―《한겨레》와의 인터뷰)

9. 일관성과 다양성의 균형

하나의 뿌리, 수많은 줄기와 꽃의 향연

선생의 인생은 본질과 현상이라는 말로도 표현할 수 있다.
즉 본질은 하나인데 현상은 여러 가지라고 표현할 수 있다. 아
니면 하나의 확실한 정체성과 여러 부차적인 정체성의 표현이라
고도 말할 수 있다. 선생이 법조인, 문인이면서도 다양한 활동
을 했기 때문이다.

선생의 연표를 보고 선생의 활동을 정리해 보자.

검사, 법률신문 논설위원, 한국기자협회 법률고문, 국제펜클
럽 한국본부 회원, '재일교포 이득현 사건 후원회' 이사, 한국시
인협회 회원, 한국방송윤리위원회 위원, 서울가정법원 조정위

원, 국제앰네스티 한국위원회 이사 및 전무이사, 대한변호사협회 문화공보위원장, 서서울라이온스클럽 회장, 재단법인 크리스챤아카데미 이사, 민주회복국민회의 중앙위원, 자유실천문인협의회 이사, 한국기독교교회협의회 인권위원, 한국저작권연구소 소장, 한국사법행정학회 《사법행정》과 《법정》 주간, 민주주의와 민족통일을 위한 국민연합 집행위원, 도서출판 삼민사 주간, 한국기독교교회협의회 재일한국인위원회 위원, 한국저작권법학회 이사, 중앙대학교 신문방송대학원 강사 및 객원교수, 월간 《다리》 편집위원, 한국인권운동협의회 실행위원, 한국기독교산업개발원 이사, 민주헌법쟁취국민운동본부 상임공동대표, '민주사회를 위한 변호사 모임' 회원, 〈한겨레신문〉 창간위원회 위원장, 방송위원회 위원, 《민족문화대백과사전》 집필위원, 한국출판학회 부회장, 《씨올의 소리》 편집위원, 한국방송작가협회 고문변호사, 민족문학작가회의 이사, 저작권심의조정위원회 위원, 장공 김재준 목사 기념사업회 이사, 함석헌 선생 기념사업회 이사, 국회의원 장영달 후원회장, 범우출판장학회 이사장, 새누리신문사 이사, 대한변호사협지 편집위원, 관훈클럽 법률고문, 공영방송발전연구위원회 위원, 한겨레신문사 자문위원, 《시사저널》 객원편집위원, 한국기독교장로회 통일헌법특별연구위원회 전문위원, 김대중 선생 납치생환 20주년 기념행사 준비위원회 위원장, 김대중 선생 납치사건 진상규명을 위한 시민의 모임 공동대표, 사법제도발전연구위원회(대법원) 위원, 아시아태평양평화재단 자문위원, 사단법인 동학농민혁명기념사업회 이사장, 대한변호사협회 징계위원회 위원, 서강대학교 언론대학원 강사, 통일시대 민주주의 국민회의 추진위원회 공동대표, 동학농민혁명100주년기념사업단체협의회 공동대표, 언론중재위원회 중재위원, 헌법재판소 자문위원, 연세대학교 법무대학원 초빙교수, 저작권심의조정위원회 위원, 동학농민혁명군지도자 유골봉환위원회 상임공동대표, 문화방송 시청자위원회 위원장, 전북대학교 법과대학 초빙교수, 감사원장, 법무법인 광장 고문변호사, 전북대학교 발전후원회장, LG칼텍스가스 사외이사, 한국디지털위성방송 고문, 청암 송건호 선생 사회장 장례위원회 위원장, 사회복지공동모금회 회장, 환경재단 고문, SBS시청자위원회 위원장, 노무현 대통령 탄핵소추사건 대리인, 한국외국어대학교 이사장, 사법제도개혁추진위원회 위원장, 김대중 전 대통령 노벨평화상 수상 5주년 기념행사위원회 위원장, 대통령 통일고문, 민족화해상 심사위원회 위원장, 경원대학교 석좌교수, 전북대학교 석좌교수, 김대중평화센터 이사, 한국여성단체연합 후원회장, 서울특별시 시정고문단 대표.

헤아리기 힘들 정도로 많은 활동을 했다. 이렇게까지 많은 일을 한 사람이 했다는 것은 참으로 경이로운 일이다. 초인적인 활동이라고 할 만하다. 이 모든 것을 기록했다는 것도 잘 믿어지지 않는다. 선생이 스스로 사회활동을 줄이지 않았다면 선생의 활동 목록은 더 늘었을 것이다. 선생의 활동에 대한 공식적이고 외부적인 평가는 선생이 받은 훈장인 무궁화장으로 정리할 수 있다.

그렇지만 선생의 변화와 변신이 어색해 보이지 않는다. 일관된 것처럼 보인다. 선생의 고고한 자세는 어떤 경우에도 흔들리지 않은 것처럼 보인다. 외관상 그렇게 보일 뿐 아니라 실제로 그렇다. 왜냐하면 이토록 많은 활동이 하나의 뿌리에서 나왔기 때문이다. 직업으로서 '법조인', 철학으로서 '민주주의와 인권', 학문으로서 '인권'과 '저작권', 성품으로서 '지적 호기심'과 '성실'에 기초를 두고 있었기 때문이다.

다시 태어나도 변호사를

선생도 자신의 정체성, 일관성을 인식하고 있다. 선생은 자신 있게 다시 태어나도 변호사가 될 것이며 독재정권시대라면 시국사건 변론을 할 것이라고 말한다.

다시 태어나도 변호사가 될 것입니다. 변호사는, 자기 생활을 지탱하면서 맘만 먹으면 남을 위해서, 세상을 위해서 헌신을 할 여력이 있는 직업입니다. 변호사에게는 소송 수행뿐 아니라, 변호사라는 사회적 지위를 가지고 할 수 있는 일, 할 만한 일, 해야 될 일이 참 많이 있습니다. 특히 한국 사회에선 그렇습니다. 그리고 다시 태어나서 변호사가 된 후에 다시 박정희 군사독재 같은 탄압정권이 생긴다면 나는 또 같은 길을 갈 수밖에 없지요. 내 과거의 시국사범 변호라는 것은, 그것은 운명은 아니고 선택이라고 생각했는데, 몇십 년 지난 뒤에 되돌아보니까 단순한 선택이 아니고, 그게 내 운명이었습니다. 그런 운명의 두 축마냥, 내 변호사란 직업과 독재정권이라는 권력이 또 부딪친다면 나는 지난 몇십 년 동안 걸어온 그런 변호사의 길을 또 갈 수밖에 없지 않나… 그건 저한테 선택이면서 동시에 운명이라고 생각합니다. (법치주의여, 어디로 가시나이까, 독재 치하에서의 한국앰네스티와 한승헌 변호사, 2012, 78세)

선생이 방송위원회 위원직을 사임한 사례도 선생의 일관성을 보여 준다. 선생은 1970년대 초에는 방송윤리위원을, 1980년대 말에는 방송위원을 역임했다. 선생은 당시 국회의 야당 몫(평민당)으로 방송위원이 되었다. 그때 통일민주당 추천으로 위원이 된 분은 한완상 교수였다. 당시 방송위원은 법률상 직무의 독립성에도 불구하고 친여적 분위기가 강했다. 실제로 일을 할 수 있는 분위기는 아니었다.

그런 중에도 위원들이 중지를 모아 힘들게 '방송제도개혁안'을 만들어 공보처에 냈더니, 정부 쪽의 비위에 맞지 않아서인지 그냥 묵살당하고 말았다.

그러던 중 1990년 7월, 방송법 개정안이 국회에서 날치기 처리되었다. 나는 그날로 한완상 교수와 상의한 끝에 '대통령 귀하'로 된 방송위원 사임서를 써서 공보처장관에게 보냈다. 관례적으로 쓰는 '일신상 형편에 의하여'라는 말 대신 "방송법의 날치기 처리에 항의하는 뜻으로"라고 당당하게 사유를 밝혔다.

(피고인이 된 변호사, 방송위원 그만두다, 2001, 67세)

아무리 용기가 있어도 사임의 사유를 '항의'라고 밝히기는 어렵다. 정부에 항의하는 용기를 낼 수는 있지만 주변 사람들과의 관계는 남는다. 사임으로 모든 관계가 끝나는 것은 아니다. 앞으로도 계속 관계를 유지해야 하는 경우가 대부분이다. 그럼에도 "방송법의 날치기 처리에 항의하는 뜻으로"라고 사유를 밝힌 것은 선생의 일관성, 정체성에서 기반한 것이라 하지 않을 수 없다.

다양한 삶과 정체성

인생을 살면서 다양한 활동을 하는 것은 피할 수 없다. 모든 것은 변하기 마련이다. 또 필요한 때는 변신을 해야 한다. 과거의 자신을 붙잡고 있는 것, 주위의 변화에도 불구하고 변하지 않으려고 하고 새로운 일을 하지 않으려고 하는 것은 어리석은 일이다.

문제는 변화와 변신 속에서 위험을 피하는 것이다. 다양한 활동으로 첫 마음, 즉 초발심(初發心)을 잃어버릴 가능성이 있다. 이 결과 정체성을 잃어버린다. 그래서 과거 비판했던 사람들과 똑같은 잘못을 그대로 반복한다. 첫 마음, 정체성이 없기 때문에 자신의 의도대로 말과 행동을 하지 못하고 다른 사람이 했던 대로 혹은 다른 사람이 시키는 대로 한다. 이 점은 깊은 성찰이 필요하다. 선생은 감사원장 취임사를 자신이 직접 썼다고 밝힌 바 있다. 첫 마음, 정체성을 분명히 가지고 있었기 때문이다.

첫 마음을 잃는다는 것은 원래 자리로 돌아오지 못하고 다른 사람이 되는 것을 말한다. 대부분의 사람들은 올바른 생각, 철학을 가지고 사회활동을 시작한다. 그러면서 조금씩 이득과 명성과 존경을 얻는다. 이득, 명성, 존경이 늘어나면 다양한 활동 공간이 열린다. 더 높은 자리, 더 많은 권한, 더 많은 이득, 더 많은 명성, 더 많은 존경을 얻게 된다. 이 과정은 급전직하

추락하지 않는 이상 일방통행이다. 특히 처음에 좋은 마음을 가진 사람들은 점점 더 많은 이득, 명성, 존경을 얻게 될 가능성이 크다. 이득, 명성, 존경은 좋은 활동에 따른 부수적인 결과라고 생각한다. 여기까지는 순조롭다.

그러다가 어느 순간 갑자기 선을 넘게 된다. 다양한 활동의 부수적인 성과인 이득, 명성, 존경이 이제 목적이 된다. 그중에서도 이익이 가장 중요한 목적이 된다. 자본주의 사회이기 때문이다. 이익이라는 감각적 욕망이 주인이 되면 사람은 노예가 된다. 더 많은 권한, 더 높은 자리를 이제 자신의 감각적 욕망을 위해 사용한다.

타락은 이렇게 시작한다. 이익, 감각적 욕망의 발생과 존속과 소멸, 달콤함과 위험을 제대로 알지 못하기 때문에 벌어지는 일이다. 수많은 이들이 이런 과정을 거쳐 사라져 갔다. 특히 정치인들의 경우에 이런 일이 많았다.

넘지 않는 선

이 때문인지 선생의 다양한 활동에는 정치가 포함되어 있지 않다. 선생은 정치활동을 하지 않은 것을 자신이 정치를 잘할 자신이 없었다고 해명한다. 지극히 상식적인 말로 들리지만 선생의 역량을 생각해 보면 충분한 설명이 되지 못한다.

나는 그 모든 요망(정계 진출)에 부응하지 못했다. 무슨 겸양 때문이 아니었다. 감투에 초월해서도 아니었다. 이유는 간단했다. 나는 정치를 잘할 자신이 없었다. 정치는 내 적성에도 맞지 않았다. 나는 정치판에 가면 단 한 달도 견뎌 내지 못할 것 같기도 했다. 뿐만 아니라 애국의 길은 정치권 아닌 여러 분야에 더 많았고, 권세 없는 봉사와 헌신은 더 소중했다. 언론 인터뷰에서도 "왜 정치를 안 하느냐?" "정계에 나갈 생각은 없느냐?"는 질문을 많이 받았다. 나는 그 순간 떠오른 비유를 들어 쉽게 대답했다. "육상선수는 육상 트랙에서 뛰어야 하고, 수영선수는 물속에서 헤엄쳐야 합니다." 그러니까 육상에서도 뛰고 물속에서도 자신 있는 사람은 얼마든지 그쪽으로 가도 좋다는 뜻이었다. (한 변호사의 고백과 증언)

역시 정확한 설명은 선을 넘는 것에 대한 두려움이지 않을까 싶다. 너무 많은 인사들이 변신을 하면서 타락했기 때문이다. 선생의 다음 설명은 선생의 진심을 약간 보여 준다.

재야 운동가나 법조인의 정치권 진출은 바람직한 면이 있다고 보지만, 의원 배지 하나 붙이고 나서 딴 사람이 된 듯 변질해 버리는 것은 개탄스러운 일이 아닐 수 없다. 법조인다운 소신도,

재야 운동가다운 정의감도 헌신짝처럼 버리는 면면들을 너무도 흔하게 보았던 것이다. (한 변호사의 고백과 증언)

두려워해야 하는 것은 변화와 변신으로 얻게 되는 자리, 권력, 이득, 명성, 존경의 위험함이다. 이것들에는 달콤함이 있지만 달콤함만큼 위험함이 함께 있다. 변화와 변신의 달콤함과 위험함을 두려워해야 한다. 변화와 변신 자체에 대해서는 두려워할 필요가 없다. 변화와 변신은 사람, 사물 자체의 속성이다. 선생에게도 이런 두려움은 없었을 것이다. 군부독재정권과 정면승부를 할 정도의 용기가 있었기 때문이다. 실제로 선생의 그 많은 활동은 선생이 변신에 대해서는 두려움이 없다는 점을 잘 보여 준다.

사람에게 있어 중요한 것은—그리고 그만큼 위험한 것은—'성공 이후'라고 생각한다. 성공하기까지의 과정에서 가위 입지전적이던 인물이 막상 어느 정도의 성취단계를 지나고 나면 변신하는 수가 많다. 변신이라기보다는 변심이라고 하는 편이 적절한 실례는 우리 주변에 드물지 않다. (피고인이 된 변호사, 범우사와 나, 1991, 57세)

지식인으로서 잊지 말아야 할 것은 권력, 이득, 명성, 존경의 달콤함과 위험함에 대한 두려움이다. 이러한 위험함이 있다는 점을 정확히 보고 이를 어려워해야 한다. 멀리해야 한다. 어려워하고 두려워하면 함부로 행동하지 않는다. 타락을 막고 파멸을 막는다.

달콤함과 위험함을 모르는 사람은 자신의 권력, 이득, 명성, 존경을 위해 함부로 행동한다. 비윤리적 삶을 산다. 말과 행동이 일치하지 않는 삶을 산다. 그래서 타락하고 끝내는 파멸한다. 권력을 추구하다 파멸하는 사람은 이런 길을 밟는다. 선생이 경고하고 싶은 것은 바로 이러한 정치의 위험함이었을 것이다. 선생은 정치의 위험성을 정확히 알았기 때문에 이를 피한 것일 뿐이다.

균형은 상대방에 대한 깊은 이해로 발전

정체성과 다양성의 균형이 있으면 일상 활동에서 균형과 절제를 실현할 수 있다. 일관된 정체성이 있기 때문에 개인이 흔들릴 일이 없기 때문이다. 사람들은 일관된 정체성을 더 신뢰한다. 일관된 정체성을 가지고 있다면 정체성에서 약간 벗어난 듯한 행위를 하더라도 그 행위가 사람의 평가를 바꾸지 못한다. 그래서 일관된 정체성을 가진 사람은 여러 선택지를 가질 수 있다. 선생의 감사원 사례는 이 경우에 해당한다.

언론에서나 감사원 안에서는 당시 새 정부의 개혁 방향과 나의 재야성으로 미루어 과감한 수술이 있을 것으로 보고 기대와 불안이 뒤섞여 있는 분위기였다. 그런 가운데 사람을 자르고 바꾸는 식의 파동을 점치고 있었다. 그러나 나의 생각은 달랐다. 취임 후 최초의 청와대 보고 때 감사위원 전원 유임을 건의했다. 이유는 간단했다. 그들의 임기가 법에 보장되어 있는데, 정권이 바뀌었다고 해서(전 정권 하에서 임명되었다는 이유로) 아무 잘못도 없는 위원들에게 사표를 요구하거나 선별처리하는 것은 옳지 못하다는 점을 말씀드렸다. (한 변호사의 고백과 증언)

균형과 절제는 혼란을 줄이는 역할을 한다. 개혁을 추진하는 데 균형과 절제가 필요한 이유는 여기에 있다. 개혁은 바람직한 것이지만 초기에는 혼란을 초래한다. 초기의 혼란은 개혁을 어렵게 만든다. 모든 현상은 관성의 법칙이 작용하므로 일부가 개혁에 저항하거나 주저하는 것은 당연한 현상이다. 초기의 혼란은 관성을 강화한다.

균형과 절제, 자제와 관용은 개혁을 거칠게 하지 않고 부드럽게 안착시키는 역할을 한다. 균형과 절제, 자제와 관용이 있어도 개혁 주체들의 개혁 의지는 약화되지 않는다. 개혁 의지가 약화되었다고 평가하지도 않는다. 개혁 과정에 더 많은 사람들을 참여시킴으로써 개혁의 성공 가능성을 높인다. 일방통행식 개혁이 오히려 반발을 부를 수 있다는 점, 개혁의 이름으로 권한을 남용하게 되면 오히려 문제가 발생한다는 점을 명심해야 한다. 개혁의 폭주를 저지할 수 있는 것은 균형과 절제, 자제와 관용이다. 이러한 좋은 자질은 바로 일관된 정체성과 다양성의 균형에서 나온다.

그렇다고 균형과 절제, 자제와 관용이 항상 칭송의 대상이 되는 것은 아니다. 갈등이 심각하면 균형과 절제는 오히려 비난의 대상이 된다. 선명하고 극단적인 주장은 자신의 이해관계를 분명하게 드러내기 때문에 명쾌하게 들린다.

선명한 주장에 비해 균형과 절제는 중도반단적이고 기회주의적인 의견으로 보인다. 비난을 가하는 것은 당연하다. 갈등이 높아지면 높아질수록, 사회가 양극화되면 될수록 비난을 더 받는다. 균형과 절제, 자제와 관용이 비난을 받는 것은 숙명처럼 보인다. 선생도 비난을 피할 수 없었다. 어찌 보면 작은 사례지만 저작권법 개정과 관련해서 오해를 받은 적이 있었다.

출판사 체험이 계기가 되어 출판학회에도 들어가 저작권 분야의 위원회도 맡게 되고, 출협(대한출판문화협회)의 저작권법 개정안의 성안을 용역으로 맡아서 힘을 기울이기도 했다.

그 개정안을 놓고 출협 주최 공청회가 열렸을 때, 나는 제안 설명과 아울러 사회를 보게 되었다. 저작재산권 보호기간을 저작자 사망 후 50년간으로 하느냐, 30년주의를 고수하느냐를 가지고 논쟁이 격했다. 나는 글도 쓰고 책도 펴낸 저작자이면서 출판사 운영 경험도 있는 출판인이어서 저작권법 개정안 작성이나 공청회의 사회에 중립적인 적임자라고 자부하고 나갔다.

그러나 일부에서는 달리 보는 것이었다. 출판인들은 한 아무개는 어디까지나 글을 쓰는 사람이라 저작자 편이라는 것이었고, 교수·문인들은 내가 몇 년 동안 출판사를 운영하더니 출판인의 이익에 치우친다는 것이었다. 이처럼 양쪽에서 편견을 드러내는 것을 보고 한국 사회에서 공정한 중립은 설 땅이 좁구나 싶었다. (피고인이 된 변호사, '삼민사'의 추억, 2003, 69세)

균형과 절제, 자제와 관용은 오해받는 경우가 더 많을 수 있다. 그렇지만 옳은 길이기 때문에 주위의 비난에 신경쓰지 않아도 된다. 목표는 갈등을 해소하고 양극화를 완화하는 것이다. 이를 위해서는 균형과 절제, 자제와 관용이 반드시 필요하다. 갈등은 일시적일 뿐이다. 사람들은 분열되지 않고 함께 살아야 한다. 사회를 안정적으로 유지하기 위해서는 균형과 절제, 자제와 관용이 필요하다.

10. 세속과 탈속의 균형

기독교인의 삶

선생의 삶에서 마지막 균형은 세속과 탈속의 균형, 세속적인 삶과 영적인 삶의 균형이다. 이미 앞에서 본 바와 같이 선생은 세속에서 누구보다 더 열심히 살았다. 용기가 필요한 곳에서는 용기를 내었다. 능력이 필요한 곳에서는 능력을 보여 주었다. 부름이 있으면 부름에 응했다. 선생의 수많은 말과 글, 행동과 활동은 선생이 이 세상에서 살아가는 사람임을 보여 준다.

그렇지만 선생에게는 탈속의 향기가 난다. 세상을 초월한 듯, 영적인 삶의 향기가 난다. 영적인 삶은 세속의 삶을 더 높은 차원을 위한 하나의 여정으로 생각한다. 영적인 삶은 세속의 가치에 큰 비중을 두지 않는다. 영적인 삶은 적게 원하고 만족하는 삶, 소욕지족의 삶을 원한다. 영적인 삶은 욕심을 멀리한다. 욕심과 욕심에 대한 애착이 고통, 괴로움의 원인임을 안다. 영적인 삶은 이득, 명성, 존경에 개의치 않고 자신의 삶의 완성에 관심을 둔다. 영적인 삶은 주위 사람들의 좋은 친구로서 도와주는 삶을 산다. 이러한 삶을 선생에게서 확인할 수 있다.

선생도 자신이 영적인 삶을 살고 있다고 말한다. 기독교인이라고 밝히고 있다. 선생은 특정한 종교 없이 성장했다. 사회생활도 그러했다. 하지만 분단시대의 피고인들을 변론하면서 기독교인들의 용기에 감동을 받았다. 선생은 기독교인이 되었다. 선생은 2006년 북한을 방문했을 때 평양 봉수교회에서 주일예배를 드린 것은 감격스러운 일이었다고 회고하고 있다. 선생의 기독교 입문 과정은 분단시대의 현장에서 시작되었다.

대부분의 사람들이 불의를 외면하고 심지어 같은 기독교인들조차도 정교분리를 이유로 유신독재에 눈감는 판국에 일신의 위해와 고난을 무릅쓰고 반독재운동에 나선 기독교인들의 용기에 나는 감동했다. 내가 기독교인이 된 것은 기독교인들을 변호하다가 그들의 올바른 신앙에 영향을 받았기 때문이다. (한 변호사의 고백과 증언)

선생과 기독교의 만남은 법정에서 이루어진다. 법정에서 다음과 같은 대화가 있었다고 박형규 목사는 증언하고 있다. 종교에 대한 깊은 이해와 법정 변호 방법에 대한 지혜가 어울려 낳은 명장면이라 할 수 있다.

1973년 9월 12일 제3회 공판이 열렸을 때 변호인 반대신문에 나선 한승헌 변호사는 우리가 폭력시위를 의도하지 않았다는 것을 증명하기 위해 다음과 같은 질문을 우리들에게 던졌다.

문 : 기독교에서는 문제 해결을 위해 폭력을 사용합니까?

답 : 폭력은 절대로 쓰지 않습니다.

문 : 부활절 예배에 참석한 분들은 무엇을 가지고 갑니까?

답 : 성경과 찬송가책을 가지고 갑니다.

문 : 혹시 돌이나 각목이나 흉기를 가지고 가는 경우도 있습니까?

답 : 그런 경우는 없습니다.

문 : 그럼, 성경과 찬송가로 내란을 일으킬 수 있다고 생각했습니까?

한승헌 변호사의 유도신문으로 방청석에서는 폭소가 터졌다. 그러나 한 변호사 본인은 여전히 진지한 태도로 질문을 계속하던 그 장면, 정말 잊지 못할 살아 있는 연극의 한 장면이었

다. (분단시대의 피고들, 박형규—15년 만에 무죄 난 '내란음모')

선생은 자서전에서 자신의 신앙관을 다음과 같이 정리하고 있다. 매우 깔끔한 신앙관이다. 특히 이 세상의 불의에 눈 감는 신앙은 하느님의 뜻에 어긋난다는 말씀은 선생의 삶 전체를 대표하는 말이라 할 것이다.

신앙이란 자신의 심령의 평안을 구하기보다는 이웃과 세상을 위해서 사서 고생하는 것이란 점도 깨달았다. 해서는 안 될 일을 하는 죄 못지않게 마땅히 해야 할 일을 하지 않는 죄를 명심해야 한다고 믿는다.

하느님께서는 우리에게 시련을 주시지만 아울러 그것을 이겨낼 힘과 지혜도 주신다는 것, 이유 없는 고난은 있을지 몰라도 의미 없는 고난은 없다는 것, 하느님의 역사는 단막극이 아니라는 것, 신앙이란 패배 가운데서도 승리를 찾는다는 것, 하느님을 입술로만 사랑해서는 안 되며 행함이 없는 믿음은 죽은 믿음이라는 것, 이 세상의 불의에 눈 감는 신앙은 하느님의 뜻에 어긋난다는 것, 이런 생각이 나의 신앙관이다. (한 변호사의 고백과 증언)

변호와 영적인 삶

선생의 영적인 삶은 분단시대 피고인들을 변호하는 과정에서도 그대로 나타난다. 고난받는 사람들을 변호했고 목격했고 기록했기 때문이다. 나아가 고난받는 사람들과 함께 고난의 길을 갔다. 기독교인들은 영적 생활을 바탕으로 투쟁에 나섰고 투쟁이 영적 생활의 일부였다. 이와 같이 선생도 영적 생활을 바탕으로 변호에 나섰고 변호와 기록이 바로 영적 생활의 일부였다. 선생이 풍기는 탈속의 향기는 영적 생활과 변호 활동이 같은 뿌리에서 나온 것이기 때문이다. 이에 대해 이해학 목사는 다음과 같이 평가한다.

당신은 어둠 속에 묻혀 버릴 운명에 처한 이들의 산증인이었습니다. 증인이 된다는 것은 쉬운 일이 아니었습니다. 자신의 생애를 거는 것이 증인인 것을 비로소 깨닫는 순간이었습니다. 법이라는 전문지식을 가지고 적당히 독재정부를 합리화시키거나 가만히만 있어 주어도 큰 대접을 받았을 터인데, 분단 치하에서 고난당하는 이웃들과 함께 그 고난을 나누어 갖고자 하는 한 변호사님은 예수께서 좁은 길을 택하라는 말씀을 생활로 사는 모습이었습니다. 한 변호사님! 당신은 우리 시대에 고난당하는 사람들의 증인입니다. 그것이 바로 성직이요, 사목입 영적 생활은 인간의 가장 바탕에 있는 삶이다. 이 삶으로부터 세속의 여러 삶이 나온다. 영적 생활이 충실하면 세속의 삶도 충실하다. 영적인 삶이 빈약하면 세속의 삶 역시 빈약하다. 그렇다고 이 방향이 일방적인 것만은 아니다. 세속의 삶에서 윤리적인 삶을 살고 탈속을 지향하면 영적 생활은 충실해진다. 본원적인 힘은 영적 생활에 있지만 서로 쌍방향으로 영향을 미치는 것이다. 그렇지 않다면 영적 생활을 하는 모든 사람은 세속을 떠나 출가해야 한다.

신부, 목사, 수녀가 되지 않고도 충실한 기독교인의 삶을 사는 사람은 많이 있다. 출가하여 비구나 비구니가 되지 않고 재가자로서 충실한 불자로 살아가는 청신사, 청신녀도 많다. 선생의 기독교인의 삶은 한편으로는 영적 생활이 현실에 표현되는 것이면서 세속에서 탈속을 실현하는 모습이라 할 수 있다.

영적인 삶과 윤리

영적인 삶은 윤리와 가깝다. 영적인 삶의 출발점이 윤리이기 때문이다. 윤리에는 5단계가 있다. 윤리의 1단계는 법률 준수, 범죄 저지르지 않기다. 윤리가 공동체와 타인을 존중하는 삶이라면 첫 단계는 당연히 나쁜 행위를 하지 않는 것일 것이다. 그 중에서도 특히 법률 준수, 즉 살인이나 도둑질을 하지 않는 것은 기초 중의 기초다. 그럼에도 불구하고 지금은 이 단계도 매우 중요하다. 모든 사람들이 모든 사람들에 대하여 화가 나 있고 자신의 이익을 위해서 다른 이들을 기꺼이 희생시킬 각오를 하고 있기 때문이다. 자본주의, 자본 중심의 인간관이 극도로 발전한 결과다.

윤리의 2단계는 예의, 공손, 품위다. 공동체를 구성하는 타인을 대하는 태도다. 예의, 공손, 품위가 있다면 사람들을 만날 때 안전을 확보할 수 있다. 사람 사이에 안전을 확보하면 공동체에 평화가 찾아온다. 예의, 공손, 품위가 없다면 입을 칼로, 몸을 몽둥이로 하여 싸움을 벌인다. 거짓말, 욕설, 중상모략이 횡행하게 된다. 사람을 만날 때 갑옷을 입고 창을 들어야 하는 사회를 좋은 사회라 할 수 없다.

윤리의 3단계는 존중, 공감, 신뢰다. 이 단계가 되면 윤리는 외면이 아니라 내면을 향하게 된다. 우리가 흔히 윤리적 자세라고 말하는 것이 이 단계에 속한다. 상대에 대한 존중과 공감은 상대를 이해하는 기반이 된다. 신뢰는 상대와 함께 일을 하는 기본 자세이며 나아가 사회를 안전하게 만드는 요소다.

윤리의 4단계는 정체성이다. 자신이 누구인가에 대한 정체성을 바탕으로 사람들은 행위를 결정한다. 정체성은 가치관, 세계관이라고 불러도 좋다. 좋은 정체성을 가진 사람은 법률을 준수하고 타인에게 예의 바르고 공손하고 품위 있게 행동한다. 상대를 존중하고 공감한다. 상호 신뢰를 주고받는다. 윤리의 1, 2, 3단계는 바로 윤리의 4단계인 정체성에서 파생된다.

윤리의 5단계는 영적 생활이다. 윤리 자체는 영적 생활이 아니지만 윤리는 영적 생활에 들어가는 문이며 영적 생활의 기초다. 그래서 모든 종교는 계율을 가지고 있다. 영적 생활을 유지하기 위해서는 계율을 지키지 않을 수 없다. 계율 준수는 바로 윤리적 생활이며 좋은 삶이다. 기독교의 십계명, 불교의 5계와 10선업 등이 여기에 해당한다.

영적 생활을 위한 계율은 간단하다. 기독교는 10개, 불교는 5개다. 기독교의 십계명 중 윤리에 해당하는 것으로는 ① 부모에게 효도하라 ② 사람을 죽이지 마라 ③ 간음하지 마라 ④ 도둑질을 하지 마라 ⑤ 거짓 증언을 하지 마라 ⑥ 남의 아내나 재물을 탐내지 마라 등 6가지다.

불교의 5계는 ① 살아 있는 생명체를 죽이는 것을 멀리하라(불살생) ② 주지 않는 것을 갖는 것을 멀리하라(불투도) ③ 삿된 음행을 멀리 하라(불사음) ④ 거짓말을 멀리하라(불망어) ⑤ 방일의 원인이 되는 술이나 중독성 물질을 취하는 것을 멀리하라

(불음주) 등이다.

불교의 10선업(善業)은 좋은 과보를 받기 위한 좋은 행위를 의미한다. 10선업은 불교 5계의 확장판이다. 10선업은 불살생(不殺生), 불투도(不偷盜), 불사음(不邪婬), 불망어(不妄語, 거짓말하지 않기), 불악구(不惡口, 욕설하지 않기), 불양설(不兩舌, 중상모략 또는 이간질하지 않기), 불기어(不綺語, 쓸데없는 말 하지 않기), 불탐욕(不貪欲, 욕심내지 않기), 부진애(不瞋恚, 화내지 않기), 불사견(不邪見, 그릇된 견해 일으키지 않기) 등이다. 10선업 중 4개가 말하는 것과 관련되어 있다.

영적 생활은 다양하지만 계율 준수, 윤리적 생활, 좋은 삶이라는 측면에서는 하나다. 계율 준수, 윤리적 생활, 좋은 삶이 영적 생활의 가장 기초가 된다는 점에서는 같다. 계율이 간단한 것은 누구나 영적 생활을 시작할 수 있다는 것을 의미한다.

사람은 영적인 삶에서 완전히 자유로울 수는 없다. 태어나고 늙고 병들고 죽는 존재이므로 사람은 자신의 삶을 되돌아볼 수밖에 없다. 삶의 의미를 찾지 않는 사람은 없다. 삶의 의미를 찾는 과정은 다양한 종교의 형태로 나타난다. 영적인 삶은 자신의 삶 전체를 윤리적인 삶, 좋은 삶으로 이끈다. 영적인 삶은 좋은 삶이므로 출발점은 윤리적 행위가 될 수밖에 없다.

선생은 "하느님의 역사는 단막극이 아니라"고 말한다. 인생에 걸쳐, 아니 인생을 넘어 윤리적 삶이 중요하다는 의미다. 윤리적 삶이 영적 생활을 강화하고 영적 생활이 윤리적 삶을 강화한다. 좋은 삶에서 윤리와 영적 생활은 빼놓을 수 없다. 선생의 수많은 사회활동의 동력은 윤리적 삶, 좋은 삶을 추구하는 영적인 가치에 있었다. 이런 의미에서 선생은 세속과 탈속의 균형을 이룬 승자라고 할 수 있다.

원로와 신진의 균형

산민 선생과 균형

이 글의 주제는 균형이다. 산민 선생이 살아온 인생을 균형, 중도, 평온이라는 관점에서 살펴보았다. 서로 대비되는 가치를 통하여 선생의 삶을 조명했다. 서로 대비되는 가치를 조화롭게 실현했다는 점에 초점을 두었다.

나는 선생의 삶을 첫째, 변호와 투쟁의 균형, 둘째, 인권과 저작권의 균형, 셋째, 법치와 문학의 균형, 넷째, 엄격과 유머의 균형, 다섯째, 전통과 혁신의 균형, 여섯째, 민족과 세계의 균형, 일곱째, 창조와 기록의 균형, 여덟째, 자부심과 겸손의 균형, 아홉째, 일관성과 다양성의 균형, 열째, 세속과 탈속의 균형으로 나누어 살펴보았다.

독자도 놀랐겠지만 나도 놀라면서 이 글을 정리했다. 나는 네 가지 측면에서 놀랐다.

첫째, 선생은 수많은 활동을 통해 수많은 가치를 자신의 것으로 만들었다. 선생이 다양한 활동을 한 것은 익히 알고 있었으나 이렇게까지 다양한 활동을 했는지는 구체적으로 몰랐다. 그리고 그 많은 활동들은 모두 우리 역사와 사회에 의미 있는 일들이었다. 역사에 정리하여 후대에 물려줄 가치 있는 행위들이었다. 이토록 많은 가치를 한 사람이 구현하는 것은 참으로 어려운 일이다.

　둘째, 선생은 자신의 가치들을 최고의 수준으로 구현했다. 최고의 수준에 도달하려면 진리에 가깝게 가야 한다. 진리에 가깝게 가려면 '세상의 끝' 가까이 가야 한다. 걸어서는 '세상의 끝'에 갈 수 없지만 '세상의 끝'에 가지 않고는 진리를 볼 수 없다. 물론 선생이 본 진리가 절대적이고 보편적이며 불변하는 진리인지는 보는 사람마다 다르게 평가할 수 있다. 그렇지만 선생이 '세상의 끝' 가까이 가서 진리를 가장 가까운 곳에서 본 것은 틀림없다.

　셋째, 선생의 가치들은 모두 절묘하게 균형을 이루고 있다. 양극단에 있는 가치가 선생을 만나서 균형을 이루며 통일되었다. 균형은 높은 수준의 정신상태다. 일방에 치우치거나 흔들리지 않고 평온을 유지하는 상태를 말한다. 괴롭거나 즐거운 느낌에서 벗어나 중도를 취하는 것을 균형이라고 한다. 선생의 삶은 특별히 한쪽으로 쏠리거나 치우친 느낌이 없다. 그래서 선생의 글에서는 괴롭거나 즐겁다는 느낌이 적다. 괴롭거나 즐겁다는 일차원적인 감정에서 벗어나 자신의 느낌과 마음과 마음 작용을 관조하고 있는 선생을 본다. 모든 것에 균형을 실현했기 때문이다.

넷째, 선생의 가치들은 균형을 이루면서 서로 깊이 연결되어 있다. 변호는 투쟁과 연결되어 있었다. 변호는 인권과 법치와 문학과 엄격과 유머와 전통과 혁신과 민족과 세계와 창조와 기록과 자부심과 겸손과 일관성과 다양성과 세속과 탈속과 연결되어 있다. 한 사람 안에 이 많은 가치들이 서로 균형을 이루면서 존재하고 있는 것이다. 물론 이러한 가치와 마음이 동시에 존재했다는 것은 아니다. 마음은 찰나간에 변하는 것인데 그 변화 과정 과정에 이런 가치들이 서로 연결되어 영향을 미쳤다.

전통과 계승

선생의 삶은 선생의 글보다 훨씬 다채롭고 뛰어나다. 선생이 직접 쓴 글로 선생을 다 표현하지 못하는데 어찌 이 글로 선생을 설명할 수 있겠는가. 선생의 언저리에서 선생을 묘사한 것이 누가 되지 않을까 걱정될 뿐이다.

선생의 삶과 가치를 균형이라는 관점에서 정리하는 동안 선생의 정신과 가치를 어떻게 전하고 계승할 것인가라는 고민이 떠나지 않았다. 우리 역사에서 좀처럼 만나기 힘든 선생의 활동과 가치를 어떻게 전달하여 우리의 전통으로 만들 것인가. 단순히 훌륭한 위인의 생각과 활동을 전통으로 계승하자는 것이 아니다. 새로운 시대에 새로운 전통의 가능성을 선생에게서 찾자는 것이다. 그만큼 선생의 삶은 풍부한 내용과 의미를 가지고 있다.

우리 사회는 빠르게 변하고 있다. 과거는 쉽게 잊혀지고 새로움만이 찬양받고 있다. 새로움이 등장하는 것이 나쁜 것은 아니다. 과거도 시간이 되면 잊혀져야 한다. 아무리 위대한 인물이라고 하더라도 죽음은 피할 수 없다. 망각이 있기 때문에 우리는 살아갈 수 있다. 아들 딸이 먼저 죽어 곧 죽을 것 같은 부모도 모든 사람들이 죽고 사라진다는 진리를 깨닫는 순간 평온한 삶을 살 수 있다. 모든 것은 변하고 연기의 법칙에 따라 다른 것에 의존한다.

하지만 지금의 변화를 주의 깊게 보아야 한다. 자본 중심의 철학, 세계관, 인간관이 득세하고 있기 때문이다. 자본과 부가 세상의 유일한 척도가 되면서 소욕지족의 윤리적 삶, 좋은 삶이 사라지고 있다. 고통과 괴로움이 넘치고 있다.

자본 중심의 철학으로 우리는 과거에 비해 엄청난 자본과 부를 누리게 되었다. 대한민국은 단군 이래 가장 풍족한 사회가 되었다. 그렇지만 개인은 가장 고통스럽고 불안한 상태에 살고 있다. 불안을 줄이기 위하여 가지고 있는 돈을 모두 털어서 투자한다. 심지어 은행에서 돈을 빌려 투자한다. 하지만 투자 자체가 위험하니 불안은 줄어들지 않는다. 이런 상태에서는 개인의 균형, 사회의 균형, 국가의 균형을 이룰 수 없다. 오로지 한 줄 서기만이 있을 뿐이다.

세계가 단일한 자본 중심의 세계관, 인간관으로 되고 있을 때 사람 중심의 세계관, 인간관으로 균형을 잡아야 한다. 자본과 부를 무시하지는 않지만 이에 얽매이지도 않는 평온한 마음, 균형이 필요하다. 이를 위해서는 균형의 삶을 보여 준 선각자들의 마음과 말과 행동을 전통으로 만들고 문화로 흡수해 우리 것으로 만들어야 한다.

선각자들의 행적을 전통과 문화로 만들려면 이를 정리하고 숙고하고 체화해야 한다. 정리와 숙고와 체화는 사람이 하는 일이지만 또 사람으로 모아져야 한다. 선각자의 마음과 말과 행동을 체화한 사람들이 나타날 때 전통은 계승되고 발전한다.

원로의 삶을 정리하고 숙고하고 체화하는 신진인사가 필요하다. 원로와 신진이 균형을 맞추어야 한다. 그래서 또다시 균형이다. 갈등으로 폭발할 것 같은 우리 사회와 세계에서 균형은 매우 절실하다.

원로를 계승하는 중진이 배출되고 중진은 다시 신진에 의하여 보완되어야 한다. 원로와 중진과 신진의 균형이 맞을 때 우리는 과거에 머무르지 않고 새로운 것에 현혹되지 않고 중심을 잡을 수 있을 것이다. 선생이 삶을 통해 구현한 균형이 지적 공동체의 원로와 중진과 신진의 균형으로 나타나기를 간절히 바란다.

한승헌 변호사의 삶
균형과 품격

펴낸날   초판 1쇄 2021년 9월 29일

지은이   김인회
펴낸이   서용순
펴낸곳   이지출판

출판등록   1997년 9월 10일
등록번호   제300-2005-156호
주소   03131 서울시 종로구 율곡로6길 36 월드오피스텔 903호
대표전화   02-743-7661   팩스 02-743-7621
이메일   easy7661@naver.com
디자인   박성현
인쇄   (주)지오피앤피

값 15,000원

ISBN 979-11-5555-166-0   03990

한승헌 변호사의 삶
균형과 품격